Le Moyen Âge
et le XVIe siècle

NOTE DE L'ÉDITEUR

La première édition d'*Une autre histoire de la littérature française* est parue en deux volumes, chez NIL Éditions, en 1997 et en 1998.
Librio réédite le livre de Jean d'Ormesson en proposant dix tomes :

Le Moyen Âge et le XVIe siècle (septembre 2000) :
Les quatre chroniqueurs – Villon – Rabelais – Du Bellay – Ronsard – Montaigne

Le théâtre classique (septembre 2000) :
Le classicisme – Corneille – Molière – Boileau – Racine

Les écrivains du Grand Siècle (octobre 2000) :
Retz – La Rochefoucauld – La Fontaine – Pascal – Mme de Sévigné – Bossuet – Mme de La Fayette – Saint-Simon – La Bruyère

Les Lumières (novembre 2000) :
Les Lumières – Marivaux – Montesquieu – Voltaire – Rousseau – Diderot – Beaumarchais

Le romantisme (janvier 2001) :
Le romantisme – Chateaubriand – Lamartine – Vigny – Michelet – Hugo – Musset

Le roman au XIXe siècle (février 2001) :
Stendhal – Balzac – Dumas – Mérimée – Sand – Flaubert – Zola – Maupassant – Renard

La poésie du XIXe siècle (mars 2001) :
Desbordes-Valmore – Nerval – Baudelaire – Mallarmé – Verlaine – Lautréamont – Rimbaud

La poésie à l'aube du XXe siècle (avril 2001) :
Claudel – Toulet – Valéry – Péguy – Apollinaire – Larbaud – Saint-John Perse – Aragon – le surréalisme

Le roman au XXe siècle, de Leblanc à Montherlant (mai 2001) :
Leblanc – Gide – Proust – Colette – Martin du Gard – Romains – Mauriac – Morand – Céline – Giono – Montherlant

Le roman au XXe siècle, de Malraux à la NRF (mai 2001) :
Malraux – Queneau – Simenon – Yourcenar – Sartre – Genet – Cioran – Caillois – Camus – Perec – la NRF

Dans chaque volume :
Pour chacun des chapitres, le texte de Jean d'Ormesson est augmenté par une biographie, des extraits choisis et une bibliographie de l'auteur traité.
À la fin du volume, un tableau chronologique retrace les grands événements de la période.

Jean d'Ormesson
de l'Académie française

Une autre histoire de la littérature française

Le Moyen Âge et le XVIe siècle

Texte intégral

Appareil critique réalisé par Valérie Lermite

© E.J.L., 2000

Les quatre chroniqueurs
(1150 ?-1511)

Courir le monde et l'admirer

Plus de trois siècles séparent Villehardouin, le premier de ce qu'il est convenu d'appeler nos « quatre grands chroniqueurs », de Commynes, le dernier. Si, malgré des différences qui sautent aux yeux, ils se trouvent ici réunis comme le veut la tradition, c'est parce qu'ils sont des précurseurs : racontant en français ce qu'ils ont vu autour d'eux, ces témoins de première main fondent ce qui deviendra plus tard l'école historique française. Ils annoncent, de très loin – et c'est ce qu'il y a de si amusant dans une histoire de la littérature –, nos Michelet et nos Braudel. Nos journalistes aussi, et nos reporters.

Les Grecs, qui de la géométrie à la tragédie ont inventé beaucoup de choses, avaient aussi inventé l'histoire avec Hérodote ou Thucydide. Avec Tite-Live et Tacite, les Romains avaient eu d'immenses historiens. Comme en architecture ou en poésie, l'histoire est un des domaines où la décadence se fait sentir le plus cruellement après la fin de l'antiquité classique.

L'histoire, au Moyen Âge, est fille de l'épopée et de la religion. Elle sort des chansons de geste, du *Roman de Brut*, une histoire des Bretons rédigée en vers par un chanoine de Bayeux, du *Roman de Rou*, une histoire des Normands où la légende joue le premier rôle. Elle sort aussi et surtout de ces récits hagiographiques qui fleurissent dès le IXe siècle et qui, sur le modèle de l'*Historia Francorum* de Grégoire de Tours, sont rédigés en latin. Le premier des chroniqueurs à raconter ce qu'il a vu en prose et en français, le premier de nos grands historiens est un féodal, maréchal du comte de Champagne, un soldat et un diplomate, né à Villehardouin, près de Troyes : Geoffroy de Villehardouin. Son ouvrage, *La Conquête de Constantinople*, est le récit de la IVe croisade.

Ce qui fait l'importance et l'originalité de la IVe croisade, c'est que, partie, comme toutes les autres, pour libérer Jérusalem, la Ville sainte, de la conquête musulmane et arabe, elle aboutit en fait à la prise de Constantinople, capitale prestigieuse de l'Empire byzantin. Héritière de Rome alors déchue, Constantinople est une ville grecque et chrétienne – mais schismatique et orthodoxe. La prise de Constantinople par les croisés en 1204 et la création d'un éphémère Empire latin sur le territoire de la Turquie d'aujourd'hui sont des événements aux conséquences innombrables. De là datent la rupture définitive et l'hostilité mortelle entre Constantinople et Rome, entre les orthodoxes et les catholiques. Au point que l'Église romaine finit par apparaître aux orthodoxes grecs comme aussi redoutable que le joug ottoman dont la menace se profile à l'horizon. « Plutôt le turban turc que la tiare romaine » : la célèbre formule date de la prise de Constantinople par la IVe croisade.

Facilitée par les querelles internes des Byzantins, la prise de Constantinople, aux richesses sans fin, fut imposée par Venise, alors dirigée par le doge Dandolo et qui n'obtenait pas le remboursement des sommes considérables qu'elle avait avancées aux croisés. Villehardouin prit une part essentielle aux négociations qui aboutirent au détournement des objectifs de la croisade et son ouvrage est une sorte de plaidoyer et de justification des décisions adoptées.

Maréchal de Romanie – c'est-à-dire du royaume latin de Constantinople après la chute de la ville –, Villehardouin, qui mourra sur place sans revoir son pays, ne cesse jamais de parler, avec gravité et austérité, sur le ton d'un ambassadeur et d'un général. Il est net et clair. Chroniqueur de la virilité, de l'honneur, de la beauté des batailles et des événements historiques dont il est l'artisan, il va à l'essentiel. C'est un grand seigneur aux intentions édifiantes. Une sorte de Bossuet militaire, primitif et encore malhabile. Quand il dépeint la flotte en train d'appareiller, il écrit avec simplicité mais avec le sentiment de son importance : « Et bien témoigne Geoffroy, le maréchal de Champagne qui cette œuvre dicta, que jamais si belle chose ne fut vue. » De temps en temps, le maréchal s'abandonne à un lyrisme contenu et marin, comme, par exemple, au large de Corfou : « Le jour fut beau et clair et le vent doux et bon et ils laissèrent aller les voiles au vent. »

À côté de ce général ambassadeur, Jean, sire de Joinville et sénéchal de Champagne, est un simple soldat. Il en a la candeur, la malice, l'humilité. Son grand homme, c'est Louis IX à qui il élève un autel dans son château et dont il raconte les hauts faits dans son *Histoire de Saint Louis*. C'est dans l'*Histoire de Saint Louis* que figure la page célèbre où on voit le roi, « vêtu d'une cotte de camelot, d'un surcot de tiretaine sans manches, un manteau de soie noire autour du cou, très bien peigné, sans coiffe, un chapeau de paon blanc sur la tête », en train de rendre la justice sous un chêne du bois de Vincennes. À la différence de son seigneur et maître, Joinville n'est ni un saint ni un héros : il est spontané, un peu ahuri, souvent peureux. Il y a plus que des traces de comique dans son œuvre où se succèdent les scènes naïves et charmantes.

Quand Saint Louis lui enjoint de laver les pieds des pauvres, il refuse tout net : « Sire, dis-je, hé ! malheur ! les pieds de ces vilains ! jamais je ne les laverai. – Vraiment, lui reproche le roi, c'est mal répondu, car vous ne devez point dédaigner ce que Dieu fit pour notre enseignement. Je vous prie donc, pour l'amour de Dieu d'abord, ensuite pour l'amour de moi, de prendre l'habitude de les laver. » Quand le roi lui demande s'il préfère « être lépreux ou avoir fait un péché mortel », il répond sans hésiter et au scandale du roi qu'il aimerait « mieux en avoir fait trente que d'être lépreux ». Quand, dans une bataille qui tourne mal, son intendant lui propose de se laisser égorger par l'ennemi pour aller tout droit au paradis, Joinville commente avec simplicité : « Mais nous ne le crûmes pas. » Il y a du Woody Allen dans ce combattant-là. Impossible d'être plus sympathique, plus naturel que ce chroniqueur qui raconte la dernière messe de son chapelain en train de mourir et qui vient de s'évanouir dans ses bras : « Il revint à lui et chanta sa messe tout entièrement, et oncques plus ne chanta. »

Avec ses naïvetés, ses digressions, son absence de sens critique, mais aussi avec son goût du naturel, du pittoresque et de la couleur, l'*Histoire de Saint Louis* n'a pas seulement contribué, pour la joie sans bornes de son auteur, à la canonisation de Louis IX ; elle est aussi capable de nous toucher encore, de nous intéresser et de nous amuser.

Près de deux siècles après Villehardouin, Froissart, lui, est un professionnel de l'histoire. Il n'a pas les vertus du grand seigneur ni la naïveté charmante du compagnon de Saint Louis. Mais l'information de ce grand voyageur est autrement riche et variée. Et la langue dont il se sert est souple et pleine d'images.

Froissart est un homme du Nord. Il est né à Valenciennes et on trouve chez lui plus d'une tournure picarde. Espèce de Passepartout ou de Pierre Lazareff à l'affût de l'événement, c'est un journaliste qui court après l'information, c'est notre envoyé spécial qui couvre les origines et la première moitié de la guerre de Cent Ans. À la différence d'un Villehardouin ou d'un Commynes qui donnent l'image de la fidélité du féodal ou du *groupie* attaché à son idole, Froissart a beaucoup changé de maîtres et de convictions. Il a servi Philippe de Hainaut, reine d'Angleterre (en dépit de son nom, Philippe est une femme, épouse d'Édouard III), puis le Prince Noir, fils d'Édouard III, puis le duc de Brabant, puis Robert de Namur ou encore le comte de Blois. Il fut l'hôte de Gaston Phoebus, comte de Foix. Partout, il récolte des informations et il est le témoin de ce monde féodal et courtois auquel les événements mêmes qu'il rapporte vont porter un coup fatal.

Dans ses *Chroniques*, il raconte la lutte interminable entre l'Angleterre et la France qu'il sert successivement. Ce qu'il veut, c'est « voir les merveilles de ce monde, ouïr et savoir nouvelles, écrire autres histoires ». Il n'hésite pas à sauter à cheval et à aller très loin pour s'enquérir de « la vérité des lointaines besognes ». Il multiplie les interviews, il est le premier de nos grands reporters. C'est l'ancêtre de Cendrars ou de Kessel. L'histoire pour lui se confond avec le journalisme. Villehardouin était un grand seigneur qui racontait des batailles et des négociations ; Joinville était le biographe attitré et exclusif de son grand homme. Froissart est un journaliste – un poète aussi, d'ailleurs – qui se hisse jusqu'à l'histoire.

Ce n'est pas qu'il soit en tout point digne de foi. Il est crédule. Il est dénué de sens critique. Mais c'est un narrateur plein de couleur et de vivacité. Derrière les six Bourgeois de Calais ou l'élévation de Bertrand Du Guesclin à la dignité de connétable percent déjà les récits de nos envoyés spéciaux et de nos correspondants de guerre.

Le sens moral n'est pas son fort. Quand il parle d'un Aymerigot Marchès, capitaine des Grandes Compagnies sans le moindre scrupule, il s'amuse de ses ruses et de ses ignominies. Quand Aymerigot Marchès, en revanche, est pris et écartelé, il n'a pas le moindre mot de pitié : « Ainsi finit Aymerigot Marchès. Sur lui, sur sa femme, sur sa fortune, je ne sais rien de plus. » Un vrai journaliste. Et un historien en plus, et un artiste.

Fils d'un grand bailli de Flandre, chambellan et conseiller d'un duc de Bourgogne, puis de trois rois de France, baron d'Argenton, prince de Talmont, riche et grave, Philippe de Commynes est très intelligent – et moins sympathique que Joinville ou Froissart, à qui, homme du Nord et de peu de convictions, il ressemble par plusieurs traits. Quand il comprend que Charles le Téméraire, dont il est le chambellan, ne l'emportera pas, il ne fait ni une ni deux et passe au service de son ennemi, Louis XI.

Après la mort de Louis XI, il connaît de sérieuses difficultés et on l'enferme même dans une cage de fer. Il finit pourtant par servir successivement Charles VIII et Louis XII et écrit des *Mémoires* où il essaie d'établir des lois générales de l'histoire. Moraliste converti, il croit à la diplomatie, au roi, à Dieu — mais surtout aux idées. Avec peut-être moins de charme naïf que les autres, c'est le plus intellectuel de nos chroniqueurs. Ronsard, Montaigne, Mme de Sévigné connaissent et apprécient Commynes, et Sainte-Beuve conseille sa lecture à qui se mêle de politique.

Avec Commynes, homme riche — surtout par sa femme —, raisonnable et important, à la vie agitée et souvent traversée, conseiller de plusieurs rois et chargé d'ambassades en Allemagne et en Italie, apparaît dans notre littérature quelque chose de neuf qui avait disparu depuis Thucydide et Tacite : une réflexion sur l'histoire, une tentative de dégager, au milieu de méditations sur les desseins de la Providence et la conduite des princes, les raisons profondes des événements et des choses. Derrière ce réaliste un peu cynique, souvent fuyant et ironique, se profilent déjà, au loin, autrement solennelles et massives, les ombres de Bossuet et de Montesquieu.

Geoffroy de Villehardouin
(Vers 1150-1213)

Biographie

Vers 1150. Naissance au château de Villehardouin (Aube).
1199. Il se croise comme son maître Thibaut III, comte de Champagne.
28 novembre 1199. La croisade est décidée au tournoi d'Écry-sur-Aisne.
1200. Assemblées de Soissons et de Compiègne.
   Négocie avec les Vénitiens pour la flotte qui doit transporter les croisés. Propose et fait accepter la candidature de Boniface de Montferrat comme chef de la quatrième croisade.
1204. Assiste à la prise de Constantinople et à la fondation de l'Empire latin d'Orient. Reçoit le titre de maréchal de Romanie et le château de Messinople en Thrace.
1213. Meurt sans avoir revu la France.

Œuvres

La Conquête de Constantinople

Extraits choisis

Villehardouin, dans ses souvenirs, explique comment les événements détournèrent la croisade de son but primitif. Sa chronique, partiale, veut prouver que les croisés ne pouvaient agir différemment car certains, dès le début, ont refusé de suivre le gros de la troupe. Ce qui les a contraints à s'arrêter en route. En écrivant La Conquête de Constantinople, *Villehardouin justifie les choix peu clairs qui ont dérouté les croisés de la Terre sainte, les conduisant aux portes de Constantinople. Il se justifie dans le même temps car il a pris une part très active dans la conduite de cette croisade jusqu'en 1207, date de la mort de Montferrat.*

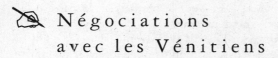
Négociations avec les Vénitiens

LES BARONS TINRENT UN PARLEMENT À SOISSONS, POUR DÉCIDER quand ils partiraient et de quel côté ils iraient. Cette fois-là ils ne purent s'accorder, car il leur semblait qu'il n'y avait pas encore assez de croisés. Cette année-là, il ne se passa pas deux mois qu'ils ne s'assemblassent en parlement à Compiègne. Là vinrent tous les comtes et les barons qui s'étaient croisés. Maint conseil fut qu'ils enverraient des messagers, les meilleurs qu'ils pourraient trouver et ils leur donneraient pouvoir de décider en leur nom.

Parmi eux, Geoffroy de Villehardouin. Ils décident d'aller à Venise pour y commander une flotte.

Le doge de Venise qui s'appelait Henri Dandolo et qui était très sage et très preux leur fit beaucoup d'honneur, ainsi que ses gens, et il les vit très volontiers. Quand ils présentèrent les lettres de leurs seigneurs, les Vénitiens furent curieux de savoir pour quelle affaire ils étaient venus dans leur pays. Les lettres étaient des lettres de créance et les comtes y disaient qu'il fallait croire les messagers comme eux-mêmes et qu'ils tiendraient ce que les six auraient conclu. Et le doge leur répondit : « Seigneur ! j'ai vu vos lettres.

Nous avons bien vu que vos seigneurs sont les plus hauts hommes qui soient sans couronne. Ils nous demandent de croire ce que vous direz et ils tiendront ferme ce que vous ferez. Or, dites ce qu'il vous plaira. »

Et les messagers répondirent : « Sire, nous voulons que vous réunissiez votre Conseil et, devant votre Conseil, nous vous dirons ce que demandent nos seigneurs, s'il vous plaît. »

Et le doge leur répondit qu'il demandait un délai de quatre jours et qu'alors il aurait réuni son Conseil et qu'ils pourraient dire ce qu'ils demandaient.

Ils attendirent le quatrième jour. Ils entrèrent au palais qui était très riche et très beau et ils trouvèrent le doge et son Conseil dans une chambre et ils firent leur message de la façon suivante : « Sire, nous sommes venus vers toi, au nom des hauts barons de France qui ont pris le signe de la croix, pour venger la honte de Jésus-Christ et conquérir Jérusalem, si Dieu veut le permettre. Et parce qu'ils savent que nul n'a si grand pouvoir sur mer que vous et votre peuple, ils vous prient, pour Dieu, d'avoir en pitié la terre d'Outre-mer et la honte de Jésus-Christ afin qu'ils puissent avoir une flotte. – De quelle manière, fait le doge ? – De toutes les manières, font les messagers, que vous saurez leur conseiller et qu'ils puissent accomplir et supporter. – Certes, fait le doge. C'est une grande chose qu'ils nous demandent et il semble bien qu'ils nous demandent là une chose très grave. Nous vous en répondrons d'ici huit jours et ne vous étonnez pas si le terme est si long, mais l'affaire est importante et il convient de réfléchir. »

Au terme que le doge leur avait mis, ils revinrent au palais. Je ne puis vous raconter toutes les paroles qui furent dites, mais la conclusion fut telle : « Seigneurs, fait le doge, nous vous dirons ce que nous avons décidé, si toutefois notre Grand Conseil et le commun peuple l'approuvent, et vous verrez entre vous si vous pouvez l'accepter. Nous préparerons des uissiers pour passer quatre mille cinq cents chevaux et neuf mille écuyers et dans les nefs quatre mille cinq cents chevaliers et vingt mille sergents à pied et à tous ces chevaux et à tous ces hommes nous fournirons des vivres pour neuf mois. Pour chaque cheval, vous paierez quatre marcs et pour chaque homme deux. Et toutes ces conventions nous vous les tiendrons pour un an, à partir du jour du départ du port de Venise, pour le service de Dieu et de la Chrétienté, en quelque lieu que ce soit. La somme totale se monte à quatre-vingt-cinq mille marcs et nous ferons tant que nous mettrons sur mer, à nos frais, cinquante galères, pour l'amour de Dieu, en telle manière que de toutes les conquêtes que nous ferons sur mer ou sur terre, nous aurons la moitié et vous l'autre. Or, voyez entre vous si vous pouvez le faire et soutenir. »

Les messagers s'en vinrent et dirent qu'ils en parleraient ensemble et en donneraient leur réponse le lendemain. Ils se conseillèrent et en parlèrent ensemble toute la nuit et se mirent d'accord pour accepter. Le lendemain, ils vinrent devant le doge et dirent : « Sire, nous sommes prêts à accepter vos conditions », et le doge dit qu'il en parlerait à son peuple et qu'il leur ferait savoir ce qui aurait été décidé. Trois jours après, le doge qui était très sage et preux manda son Grand Conseil et ce Conseil comprenait quarante hommes des plus sages du pays. Par son habileté et son grand sens qu'il avait très clair et très bon, il arriva à obtenir leur approbation. Puis il en prit cent, puis deux cents, puis mille si bien que tous l'approuvèrent et louèrent ce qu'il avait fait. Puis il en assembla bien dix mille dans la chapelle de Saint-Marc, la plus belle qui soit et il leur dit d'entendre la messe du Saint-Esprit et de prier Dieu de les conseiller au sujet de la demande des messagers et ils le firent volontiers.

Quand la messe fut dite, le doge demanda aux messagers de prier humblement tout le peuple de vouloir bien accepter cette convention. Les messagers vinrent à l'église. Ils furent bien regardés de tous ceux qui ne les avaient jamais vus.

Par l'accord et la volonté des autres messagers, Geoffroy de Villehardouin, le maréchal de Champagne, prit la parole et leur dit : « Seigneurs, les plus hauts et les plus puissants barons de France nous ont envoyés vers vous. Ils vous supplient de prendre en pitié Jérusalem qui est aux mains des Turcs, et ils vous demandent de les aider à venger la honte de Jésus-Christ. Ils vous ont choisis, parce qu'ils savent que nul n'est aussi puissant sur mer que vous et vos gens. Et ils nous ont commandé de nous trouver à vos pieds et de ne pas nous lever avant que vous n'ayez consenti à avoir pitié de la Terre sainte d'Outremer. »

Aussitôt les six messagers s'agenouillèrent à leurs pieds en pleurant et le doge et tous les autres fondirent en larmes de pitié et s'écrièrent d'une seule voix et levèrent leurs mains en disant : « Nous l'octroyons, nous l'octroyons. » Alors il y eut si grand bruit et si grand tumulte qu'il sembla que la terre se fendît.

Et quand furent apaisés ce grand tumulte et cette grande émotion, si grands que nul homme n'en vit de pareils, le bon doge de

Venise, qui était très sage et très preux, monta en chaire et parla au peuple et dit : « Seigneurs, voyez l'honneur que Dieu vous fait, car les meilleurs gens du monde ont laissé les autres et ils demandent votre compagnie pour accomplir un si grand exploit que l'est la délivrance de Notre-Seigneur. »

La Conquête de Constantinople, part. II, 15-29.
(Traduction d'André Bossuat)

Le siège de Constantinople

ON FIXA LE JOUR OÙ L'ON S'EMBARQUERAIT SUR LES NEFS ET sur les vaisseaux pour aborder de force, pour vivre ou pour mourir ; et sachez que ce fut une des choses les plus difficiles à faire qui fut jamais. Alors les évêques et les clercs parlèrent au peuple et ils les engagèrent à se confesser et que chacun fît sa confession : car ils ne savaient ce que Dieu ferait d'eux. Et ils le firent très volontiers dans toute l'armée et très humblement.

Le terme qu'on avait fixé arriva et les chevaliers vinrent aux uissiers avec leurs chevaux. Ils y furent tous armés, les heaumes lacés et les chevaux couverts et sellés. Et les autres, qui n'avaient pas un si grand rôle à jouer dans la bataille, furent mis dans les grandes nefs et les galères furent armées et préparées.

Et le matin fut beau, un peu après le soleil levant, et l'empereur Alexis les attendait avec des troupes en rangs nombreux. Et on fit sonner les trompettes et chaque galère fut liée à un uissier pour passer plus facilement et sautèrent dans la mer avec de l'eau jusqu'à la ceinture, tous armés, les heaumes lacés et la lance à la main, et les bons archers et les bons sergents et les bons arbalétriers, chacun avec sa compagnie à l'endroit où elle arriva.

Les Grecs firent une tentative pour les empêcher, mais quand les lances furent baissées, les Grecs tournèrent le dos. Ils s'en vont en fuyant et leur laissent le rivage. Et sachez qu'on ne prit jamais un port de façon aussi téméraire.

Alors les mariniers commencèrent à ouvrir les portes des uissiers et à jeter les ponts et on commence à sortir les chevaux et les chevaliers commencent à monter à cheval, et les batailles à se mettre en rang comme il fallait.

Le comte Baudouin de Flandre et de Hainaut qui faisait l'avant-garde, se mit en route et les autres batailles à la suite, chacune comme elle devait et elles allèrent vers l'endroit où se tenait l'empereur Alexis. Mais il s'en retourna vers Constantinople et laissa ses tentes et ses pavillons tendus et là nos gens firent assez de butin.

Nos gens résolurent de s'établir sur le port devant la tour de Galata où était attachée la chaîne qui partait de Constantinople. Et sachez vraiment que ceux qui voulaient entrer à Constantinople devaient passer par cette chaîne et nos barons virent bien que s'ils ne prenaient pas cette tour, ils étaient morts et mal en point. Aussi ils s'établirent pour la nuit devant la tour et dans la Juiverie qu'on appelle l'Estanor où il y avait une très bonne ville et très riche.

Pendant la nuit ils se firent soigneusement garder et le lendemain, à l'heure de tierce, ceux de la tour de Galata firent une sortie et ceux de Constantinople venaient, en barques, les aider. Et nos gens coururent aux armes. Le premier qui arriva fut Jacques d'Avesnes, à pied avec sa troupe, et sachez qu'il fut fortement chargé et qu'il fut blessé d'une lance au visage et mis en péril de mort. Mais un sien chevalier qui s'appelait Nicole de Jaulain monta à cheval et secourut très bien son seigneur et on l'en loua fort.

Et l'alarme fut donnée dans toute l'armée et nos gens vinrent de toutes parts et les mirent en fuite honteusement, et il y en eut assez de morts et de pris. Parmi les fuyards, il y en eut qui ne regagnèrent pas la tour, mais ils allèrent aux barques qui les avaient amenés, et là, il y en eut plusieurs de noyés et quelques-uns échappèrent et ceux qui regagnèrent la tour de force et firent prisonniers ceux qui étaient dedans. Là il y en eut plusieurs de morts et de pris.

Ainsi fut pris le château de Galata et ainsi fut le port de Constantinople gagné de force. Ceux de l'armée en furent réconfortés et en remercièrent Dieu et ceux de la ville furent découragés. Le lendemain, les nefs, les vaisseaux, les galères et les uissiers furent tirés à l'intérieur du port. Et ceux de l'armée délibérèrent pour savoir ce qu'ils pourraient faire, s'ils donneraient l'assaut par terre ou par mer. Les Vénitiens furent d'avis de dresser les échelles sur les nefs et de donner l'assaut par mer. Les Français disaient qu'ils n'étaient pas si habiles sur mer que sur terre, mais lorsqu'ils auraient leurs chevaux et leurs armes, ils seraient plus habiles sur terre. Aussi fut-il décidé que les Vénitiens attaqueraient du côté de la mer et les barons et ceux de l'armée, du côté de la terre.

Ils restèrent ainsi quatre jours. Le cinquième, toute l'armée prit les armes. Et les batailles chevauchèrent dans l'ordre où elles étaient le long du port, jusqu'en face du palais des Blaquernes, et les navires entrés dans le port s'avancèrent à leur hauteur. Ce fut au fond du port. Là il y a un fleuve qui se jette dans la mer et qu'on ne peut traverser que par un pont de pierre. Les Grecs avaient coupé le pont ; et les barons firent travailler l'armée tout le jour et toute la nuit pour refaire le pont. Ainsi le pont fut-il refait et les batailles s'armèrent au matin et chevauchèrent l'une après l'autre dans l'ordre où elles étaient. Ils arrivèrent devant la ville. Nul ne sortit de la cité contre eux et ce fut bien étonnant, car pour un qui était dans l'armée il y en avait bien deux cents dans la ville.

    Alors les barons décidèrent de s'établir entre le palais des Blaquernes et le château de Bohémond qui était une abbaye close de murs. Et alors ils firent tendre leurs tentes et leurs pavillons. Et ce fut une fière chose à considérer. Car de Constantinople, qui du côté de la terre tenait bien trois lieues de front, toute l'armée ne pouvait assiéger que l'une des portes. Et les Vénitiens étaient sur mer dans les nefs et les vaisseaux et ils dressèrent leurs échelles, les mangonneaux et les perrières et préparèrent très bien leur assaut. Et les barons préparèrent le leur du côté de la terre avec leurs perrières et leurs mangonneaux...

La Conquête de Constantinople, part. II, 15-29.
(Traduction d'André Bossuat)

Jean de Joinville
(Vers 1225-1317)

Biographie

Vers 1225. *Naissance de bonne noblesse champenoise.*
1241. *Première rencontre avec Louis IX (Saint Louis) à Saumur.*
1247. *Prend part à la croisade organisée par Louis IX.*
Août 1248. *Embarque à Marseille pour la croisade dirigée par Louis IX.*
Juin 1249. *Chypre puis Égypte (un an de captivité).*
Juin 1250. *En Syrie avec le roi.*
1253. *Devient l'homme du roi à Jaffa.*
1254. *Retour en France.*
1267. *Refuse de suivre le roi à la croisade de Tunis où ce dernier mourut.*
1282. *Témoin dans le procès de canonisation de son maître.*
1298. *Assiste à la levée du corps saint.*
1305-1309. *Dicte l'*Histoire de saint Louis *à la demande de Jeanne de Navarre, épouse de Philippe le Bel, reine de France.*
1309. *Le livre est achevé après la mort de la reine. Il le dédie à Louis le Hutin, roi de Navarre et comte de Champagne.*
1317. *Mort.*

Œuvres

Vers 1309. Histoire de saint Louis

Extraits choisis

Joinville ressent une véritable admiration et fait preuve d'un véritable dévouement pour Louis IX qu'il place à un grand niveau de sainteté, le comparant souvent à Dieu pour ses vertus.

Dans cette Histoire de saint Louis, *le héros, sujet du livre, et l'auteur sont également aimables : l'un figure le degré suprême de l'élévation de l'âme tandis que l'autre a les qualités mais aussi les faiblesses de l'homme moyen de son époque.*

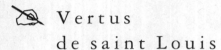
Vertus de saint Louis

AU NOM DE DIEU, LE TOUT-PUISSANT, MOI JEAN, SIRE DE JOINville, sénéchal de Champagne, fais écrire la vie de notre saint roi Louis, ce que je vis et entendis pendant six ans que je fus en sa compagnie au voyage d'outre-mer et depuis que nous en revînmes. Et avant de vous raconter ses grands faits et sa chevalerie, je vous conterai ce que je vis et entendis de ses saintes paroles et de ses bons enseignements, afin qu'on les trouve les uns après les autres pour édifier ceux qui les entendront.

Ce saint homme aima Dieu de tout son cœur et suivit son exemple, et comme Dieu mourut pour l'amour qu'il portait à son peuple, ainsi mit-il son corps en aventure plusieurs fois, pour l'amour qu'il portait à son peuple ; et il aurait pu s'en dispenser, s'il l'avait voulu, comme vous l'entendrez ci-après.

Le grand amour qu'il avait pour son peuple apparut bien quand il dit à monseigneur Louis son fils aîné, pendant une grave maladie qu'il eut à Fontainebleau : « Beau fils, dit-il, je te prie de te faire aimer du peuple de ton royaume, car vraiment j'aimerais mieux qu'un Écossais vienne d'Écosse et gouverne le royaume bien et loyalement plutôt que toi, tu le gouvernes mal. » Le saint roi aima tant la vérité que, même aux Sarrasins, il ne voulut pas mentir sur ce qu'il avait convenu avec eux, comme vous l'entendrez ci-après.

Il fut si sobre que jamais de ma vie je ne l'entendis réclamer certains mets, comme font souvent les gens riches ; mais il mangeait patiemment ce que son cuisinier lui préparait et mettait devant lui. En paroles il fut modéré, car jamais, un seul jour de ma vie, je ne l'entendis dire du mal de personne, ni jamais je ne l'entendis nommer le diable, dont le nom est bien répandu dans le royaume, ce qui, à mon avis, ne plaît point à Dieu.

Il trempait son vin avec mesure, selon qu'il voyait que le vin le pouvait souffrir. Il me demanda à Chypre pourquoi je ne mettais pas d'eau dans mon vin et je lui dis que c'était à cause des médecins qui me disaient que j'avais une grosse tête et un estomac froid et que je ne pouvais pas m'enivrer. Et il me dit que les médecins me trompaient, car si je ne m'y habituais pas dans ma jeunesse et si je voulais le tremper quand je serais vieux, la goutte et les maladies d'estomac me prendraient et jamais plus je n'aurais de santé, et si je buvais mon vin pur dans ma vieillesse, je m'enivrerais tous les soirs et c'était pour un vieillard une chose trop laide que de s'enivrer (...)

Il m'appela une fois et me dit : « Je n'ose vous parler, à cause de votre subtilité, de chose qui touche à Dieu. Aussi ai-je appelé ces deux frères qui sont là pour vous faire une demande. » La demande fut telle : « Sénéchal, fit-il, quelle chose est Dieu ? » Et je lui dis : « Sire, c'est si bonne chose que meilleure ne peut être. — Vraiment, fit-il, c'est bien répondu, car cette réponse que vous m'avez faite est écrite en ce livre que je tiens en ma main. »

« Or, je vous demande, fit-il, qu'aimeriez-vous mieux, être lépreux ou avoir fait un péché mortel ? » Et moi, qui jamais ne lui mentis, je lui répondis que j'aimerais mieux en avoir fait trente que d'être lépreux. Et quand les frères furent partis, il m'appela tout seul et me fit asseoir à ses pieds et me dit : « Comment me dîtes-vous cela hier ? » Et je lui dis qu'encore le lui disais-je. Et il me dit : « Vous parlâtes comme un étourdi, car vous devez savoir qu'il n'y a pas de lèpre aussi laide que d'être en péché mortel, car l'âme qui est en péché mortel est semblable au diable ; aussi nulle si laide lèpre ne peut être. »

Il me demanda si je lavais les pieds aux pauvres gens le jour du grand jeudi. « Sire, dis-je, en malheur ! les pieds de ces vilains, je ne les laverai jamais. — Vraiment, fit-il, ce mal dit, car vous ne devez pas mépriser ce que Dieu fit pour notre enseignement. Aussi vous prié-je pour l'amour de Dieu d'abord et pour l'amour de moi, que vous preniez l'habitude de les laver. »

Il faisait manger à sa table maître Robert de Sorbon pour la grande renommée qu'il avait d'être prud'homme. Un jour qu'il mangeait à côté de moi, nous devisions l'un avec l'autre. Et le roi nous reprit en disant : « Parlez haut, fit-il, car vos compagnons croient que vous médisez d'eux. Si, en mangeant, vous parlez de chose qui nous doive plaire, dites-le tout haut ; ou sinon, taisez-vous. »

Quand le roi était en joie, il me disait : « Sénéchal ! Or, dites-moi les raisons pour quoi un prud'homme vaut mieux qu'un béguin. » Alors commençait la discussion entre moi et maître Robert. Quand nous avions discuté un long moment il disait : « Maître Robert, je voudrais bien avoir le renom de prud'homme mais que je le fusse réellement et que tout le reste vous demeurât. Car prud'homme est une si grande chose et si bonne que, rien qu'à le dire, le mot emplit la bouche. » (...)

Le saint roi fut à Corbeil à une Pentecôte, là où il eut quatre-vingts chevaliers. Le roi descendit après dîner au préau, dessous la chapelle et il parlait sur le seuil de la porte au comte de Bretagne, le père du duc qui est à présent, que Dieu garde. Là me vint chercher maître Robert de Sorbon, et il me prit par le corps de mon manteau et me mena au roi, et tous les autres chevaliers vinrent avec nous. Alors je demandai à maître Robert : « Maître Robert, que me voulez-vous ? » Et il me dit : « Je veux vous demander, si le roi s'asseyait dans ce préau et que vous alliez vous asseoir sur son banc plus haut que lui, ne devrait-on pas bien vous blâmer ? » Et je lui dis que oui. Et il me dit : « Donc vous êtes bien à blâmer, quand vous êtes plus noblement vêtu que n'est le roi ; car vous vous vêtez de vair et de vert, ce que le roi ne fait pas. » Et je lui dis : « Maître Robert, sauve votre grâce, je ne suis pas à blâmer, si je me vêts de vair et de vert ; car cet habit, mon père et ma mère me le laissèrent ; mais vous, vous êtes à blâmer, car vous êtes fils de vilain et de vilaine, et vous êtes vêtu de plus riche camelin que n'est le roi. » Et alors, je pris le pan de son surcot et celui du surcot du roi et je lui dis : « Or, regardez si je dis vrai. » Et alors le roi se mit à défendre maître Robert en paroles, de tout son pouvoir.

Après cela, messire le roi appela monseigneur Philippe son fils, le père du roi qui est maintenant et le roi Thibaud et s'assit à la porte de son oratoire et mit la main à terre et dit : « Asseyez-vous ici, bien près de moi, pour qu'on ne nous entende pas. – Ah ! sire, firent-ils, nous n'oserions pas nous asseoir si près de vous. » Et il me dit : « Sénéchal, asseyez-vous ici. » Et je fis ainsi, si près de lui que ma robe touchait la sienne. Et il les fit asseoir après moi et leur dit : « Certes, vous avez mal agi, puisque vous êtes mes fils et que vous n'avez pas fait du premier coup ce que je vous ai commandé, et faites attention que cela ne vous arrive plus jamais. » Et ils dirent qu'ils ne le feraient plus.

Et alors il me dit qu'il nous avait appelés pour se confesser à moi de ce qu'il avait soutenu, à tort, maître Robert contre moi. « Mais, fit-il, je le vis si ébahi qu'il avait besoin que je l'aidasse. Et toutefois ne vous en tenez pas à ce que j'ai dit pour défendre maître Robert ; car comme l'a dit le sénéchal, vous vous devez bien vêtir et nettement, parce que vos femmes vous en aimeront mieux et vos gens vous en priseront davantage. Car, dit le sage, on se doit parer de robes et d'armer de telle manière que les prudhommes de ce monde ne disent pas qu'on en fasse trop et que les jeunes gens de ce monde ne disent pas qu'on en fasse trop peu. »

Histoire de saint Louis
(Traduction d'André Bossuat)

Jean Froissart
(1333-v. 1400)

Biographie

1333. Naît à Valenciennes.
1361. Part pour l'Angleterre. Y devient l'historiographe de Philippe de Hainaut, la reine.
1367. Visite l'Italie et y rencontre Pétrarque.
1369. Mort de Philippe de Hainaut. Retourne en Hainaut.
1373. Premier livre des Chroniques.
1376-1383. Premier livre des Chroniques *remanié sous l'influence de Gui de Blois.*
1386-1388. Deuxième livre des Chroniques.
1388. Voyage en Béarn. Visite la cour de Gaston Phébus, comte de Foix. Visite ensuite Avignon et Paris.
1390. Troisième livre des Chroniques. Début du quatrième livre.
1395. Retourne en Angleterre.
Vers 1400. *On perd sa trace. Mort probable vers cette date à Chimay.*

Œuvres

1373. Premier livre des Chroniques
1376-1383. Premier livre des Chroniques *remanié*
1386-1388. Deuxième livre des Chroniques
1390. Troisième livre des Chroniques. *Début du quatrième*

Extraits choisis

Froissart n'apparaît pas ici comme un véritable historien. Il s'apparenterait plutôt à un journaliste. Il s'attache aux gestes, aux détails pittoresques, à la petite histoire plus qu'à l'histoire.

✎ Aymerigot Marcel

COMMENT AYMERIGOT MARCEL ET SES GENS PRINDRENT LE *chastel de Mercuer en Auvergne ; et comment il le rendit par composition.*

En celle propre semaine avint aucques une telle emprise en Auvergne, où les Anglois tenoient plusieurs chasteaux marchissans à la terre du comte Dauphin d'Auvergne et de l'évêque de Saint-Flour et de Clermont. Et pour ce que les compagnons qui les forteresses tenoient, savoient bien que le pays d'Auvergne étoit vuide de gens d'armes, car les chevaliers et les barons étoient tous ou en partie avec le roi de France en ce voyage de Flandre, se mettoient-ils en peine de prendre et d'embler et d'écheller forteresses. Et avint que Aymerigot Marcel, capitaine d'Aloise, un fort chastel à une lieue de Saint-Flour, cueillit de ses compagnons, et se partit de son fort à un ajournement, lui trentième tant seulement ; et s'en vinrent chevaucher à la couverte devers la terre du comte Dauphin. Et avoit cil Aymerigot jeté sa visée à prendre et écheller le chastel de Mercuer dont le comte Dauphin porte les armes ; et s'en vinrent par bois et par divers pays Aymerigot et ses gens loger de haute heure en un petit bosquetel, assez près du chastel de Mercuer, et là se tinrent jusques au soleil esconsant, que le bétail et ceux du chastel furent tous rentrés dedans.

Entrements que le capitaine, que l'on appeloit Girauldon Buffiel, et ses gens séoient au souper, ces Anglois, qui étoient tous pourvus de leur fait et d'échelles, dressèrent leurs échelles et entrèrent dedans tout à leur aise. Ceux même du chastel alloient à celle heure parmi la cour ; si commencèrent à crier quand ils virent ces gens entrer au chastel par les murs, et à dire : « Trahi ! Trahi ! » Et quand

Girauldon en ouït la voix, il n'ot plus de recours pour lui sauver que par une fausse voie que il savoit, qui entroit par sa chambre en une grosse tour qui étoit garde de tout le chastel. Tantôt il se trait celle part ; et prit les clefs du chastel et les emporta avecques lui et s'enclost là dedans, entrements que Aymerigot et les siens attendoient à autre chose. Quand ils virent que le chastelain leur étoit échappé et retrait en la grosse tour qui n'étoit pas à prendre par eux, si dirent que ils n'avoient rien fait. Si se repentoient grandement de ce que ils s'étoient là enclos, car ils ne pouvoient hors issir par la porte. Adonc s'avisa Aymerigot et vint à la tour parler au chastelain, et lui dit : « Girauldon, baille-nous les clefs de la porte du chastel, et je t'ai en convenant que nous sauldrons hors sans faire nul dommage au chastel. – Voire, dit Girauldon ; si emmeneriez mon bétail où je prends toute ma chevance. – Çà mets ta main, dit Aymerigot, et je te jurerai que tu n'y auras nul dommage. »

Adonc le fol et le mal conseillé, par une petite fenêtre qui étoit en l'huis de la tour, lui bailla sa main pour faire jurer sa foi. Sitôt que Aymerigot tint la main du chastelain, il la tira à lui et l'estraindi moult fort, et demanda sa dague, et dit et jura que il lui attacheroit la main à l'huis, si il ne lui délivroit tantôt les clefs de là dedans. Quand Girauldon se vit ainsi attrapé, si fut tout ébahi, et à bonne cause ; car si Aymerigot n'eût tantôt eu les clefs, ne l'eût nient déporté que il ne lui eût mis et attaché la main à l'huis. Si délivra de l'autre main les clefs ; car elles étoient à côté de lui. « Or regardez, dit Aymerigot à ses compagnons quand il tint les clefs, si j'ai bien sçu décevoir ce fol ; je en prendrois bien assez de tels. » Adonc ouvrirent-ils la tour et en furent maîtres, et mirent hors le chastelain sans autre dommage et toutes les maisnies du chastel.

Nouvelles vinrent à la comtesse Dauphine, qui se tenoit en une bonne ville et fort chastel à une petite lieue de là, que on appelle Ardes, comment le chastel de Mercuer étoit conquis des Anglois. Si en fut la dame toute ébahie, pourtant que son seigneur le Dauphin n'étoit point au pays ; et envoya tantôt en priant aux chevaliers et écuyers, qui étoient au pays que ils lui voulsissent venir aider à reconquerre son chastel. Les chevaliers et les écuyers, quand ils sçurent ces nouvelles, vinrent tantôt devers la dame, et fut mis le siége devant le chastel ; mais les Anglois n'en faisoient compte et le tinrent quinze jours. Là en dedans fit la dame traiter à eux ; si s'en partirent ; mais au rendre le chastel, Aymerigot ot cinq mille francs tous appareillés et puis si s'en alla en sa garnison.

    D'autre part ceux de Caluset, dont Perrot le Biernois étoit capitaine, faisoient moult de maux là environ en Auvergne et en Limousin ; et tenoient en ce temps les Anglois en celle frontière de Rouergue, d'Auvergne, de Quersin et de Limousin plus de soixante forts chasteaux, et pouvoient bien aller et venir de fort en fort jusques à Bordeaux ; et la plus grand'garnison qui se tenoit et étoit ennemie au pays, c'étoit Mont-Ventadour, un des plus forts chasteaux du monde ; et en étoit souverain capitaine un Breton qui s'appeloit Geuffroy Tête-Noire. Ce Geuffroy étoit très mauvais homme et crueulx, et n'avoit pitié de nullui, car aussi bien mettoit-il à mort un chevalier ou un écuyer, quand il le tenoit pris, comme il faisoit un vilain ; et ne faisoit compte de nullui, et se faisoit cremir si fort de ses gens que nuls ne l'osoient courroucer ; et tenoit bien en son chastel quatre cens compagnons à gages ; et trop bien les payoit de mois en mois, et tenoit tout le pays d'autour de lui en paix ; ni nul n'osoit chevaucher en sa terre, tant étoit-il résoigné. Et dedans Mont-Ventadour il avoit les plus belles pourvéances et les plus grosses que nul sire pût avoir, halles de draps de Bruxelles et de Normandie, halles de pelleterie et de mercerie et de toutes choses qui leur besognoient ; et les faisoit vendre par ses gens en rabattant sur leurs gages. Et avoit ses pourvéances de fer, d'acier, d'épiceries et de toutes autres choses nécessaires aussi plantureusement que si ce fût à Paris ; et faisoit guerre aussi bien à la fois aux Anglois comme aux François, afin qu'il fût plus ressoigné ; et étoit le chastel de Mont-Ventadour pourvu toujours pour attendre siége sept ans tout pleins.

Chroniques (1383)

Philippe de Commynes
(1447-1511)

Biographie

1447. *Naissance en Flandre.*
1464. *Attaché au service du comte de Charolais, Charles le Téméraire.*
1468. *Affaire de Péronne.*
1472. *Rejoint Louis XI. Devient son confident et reçoit la seigneurie d'Argenton.*
1491. *Disgracié, enfermé à Loches et dépouillé des biens qu'il avait usurpés.*
1488-1494. *Six premiers livres des* Mémoires *sur les événements de 1464 à la mort de Louis XI.*
1495. *Missions en Italie.*
1497-1501. *Deux derniers livres des* Mémoires *de la guerre d'Italie à la mort de Charles VIII.*
1498. *Entre dans la vie privée.*
1511. *Mort de Philippe de Commynes.*

Œuvres

1488-1494. Six premiers livres des Mémoires *(des événements de 1464 à la mort de Louis XI)*

1497-1501. Deux derniers livres des Mémoires *(de la guerre d'Italie à la mort de Charles VIII)*

Extraits choisis

« *Écrire ce que j'ai su et connu des faits du roi Louis Onzième.* » *D'entrée, Commynes déclare vouloir être objectif.* Son portrait de Louis XI prétend montrer toutes les facettes du personnage (bonnes et mauvaises) et il est assorti d'une analyse personnelle sur ce qui fait un grand roi. Commynes se pose donc en historien.

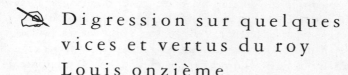 Digression sur quelques vices et vertus du roy Louis onzième

JE ME SUIS MIS EN CE PROPOS, PARCE QUE J'AY VU BEAUCOUP DE tromperies en ce monde, et de beaucoup de serviteurs envers leurs maistres, et plus souvent tromper les princes et seigneurs orgueilleux, qui peu veulent ouyr parler les gens, que les humbles qui volontiers les escoutent. Et entre tous ceux que j'ay jamais connus, le plus sage pour soy tirer d'un mauvais pas en temps d'adversité, c'estoit le roy Louis XI, nostre maistre, le plus humble en paroles et en habits, et qui plus travailloit à gaigner un homme qui le pouvoit servir, ou qui luy pouvoit nuire. Et ne s'ennuyoit point d'estre refusé une fois d'un homme qu'il prétendoit gaigner ; mais y continuoit, en luy promettant largement, et donnant par effect argent et estats qu'il connaissoit luy plaire. Et quant à ceux qu'il avoit chassés et déboutés en temps de paix et de prospérité, il les rachetoit bien cher, quand il en avoit besoin, et s'en servoit, et ne les avoit en nulle hayne pour les choses passées. Il estoit naturellement amy des gens de moyen estat, et ennemy de tous grands qui se pouvoient passer de luy. Nul homme ne presta jamais tant l'oreille aux gens, ni ne s'enquist de tant de choses, comme il faisoit, ni qui voulust jamais connoistre tant de gens ; car aussi véritablement il connoissoit toutes gens d'auctorité et de valeur qui estoient en Angleterre, en Espagne, en Portugal, en Italie, et ès seigneuries du duc de Bourgogne, et en Bretagne, comme il faisoit ses subjects. Et ces termes et façons qu'il tenoit, dont j'ay parlé cy-dessus, luy ont sauvé la couronne, vu les ennemis qu'il s'estoit luy mesme acquis à son advènement au royaume. Mais surtout luy a servi sa grande largesse : car ainsi comme sagement il conduisoit l'adversité, à l'opposite, dès ce qu'il cuidoit estre à sû, ou seulement en une trève, se mettoit à mescontenter ses gens, par petits moyens qui peu luy servoient, et à grand peine pouvoir endurer paix. Il estoit léger à parler des gens, et aussi tost en leur présence qu'en leur absence, sauf de ceux qu'il craignoit, qui estoit beaucoup, car il estoit assez craintif de sa propre nature. Et quand pour parler il avoit reçu quelque dommage, ou en avoit suspicion, et le vouloit réparer, il usoit de cette parole au personnage propre : « Je sçay bien que ma langue m'a porté grand dommage ; aussi m'a-t-elle fait quelquesfois du plaisir beaucoup ; toutesfois c'est raison que je répare l'amende. » Et n'usoit point de ses privées paroles, qu'il ne fist quelque bien au personnage à qui il parloit ; et n'en faisoit nuls petits. Encore fait Dieu grand' grace à un prince, quand il sçait le bien et le mal, et par espécial quand le bien précède, comme au roy nostre maistre dessusdit. Mais à mon advis, que le travail qu'il eut en sa jeunesse, quand il fut fugitif de son père, et fuit sous le duc Philippe de Bourgogne, où il fut six ans, luy valut beaucoup ; car il fut contraint de complaire à ceux dont il avoit besoin, et ce bien (qui n'est pas petit) luy apprit adversité. Comme il se trouva grand et roy couronné, d'entrée ne pensa qu'aux vengeances ; mais tost luy en vint le dommage, et quand en quand la repentance ; et répara cette folie et cet erreur, en regagnant ceux auxquels il tenoit tort, comme vous entendrez cy-après. Et s'il n'eust eu la nourriture autre que les seigneurs que j'ay vu nourrir en ce royaume, je ne croy pas que jamais se fust ressours ; car ils ne les nourrissent seulement qu'à faire les fols en habillemens et en paroles. De nulles lettres ils n'ont connoissance. Un seul sage homme on ne leur met à l'entour. Ils ont des gouverneurs à qui on parle de leurs affaires, et à eux rien ; et ceux là disposent de leurs dits affaires ; et tels seigneurs y a qui n'ont que treize livres de rente, en argent, qui se glorifient de dire : « Parlez à mes gens », cuidans par cette parole contrefaire les très grands. Aussi ay-je bien vu souvent leurs serviteurs faire leur profit d'eux, en leur donnant bien à connoistre qu'ils estoient bestes. Et si d'adventure quelqu'un s'en revient, et veut connoistre ce qui luy appartient, c'est si tard qu'il ne sert plus de guères ; car il faut noter que tous les hommes, qui jamais ont esté grands et fait grandes choses, ont commencé fort jeunes. Et cela gist à la nourriture, ou vient de la grace de Dieu.

Mémoires, Livre premier, chapitre X.

Villon
(vers 1431-vers 1463)

La gloire du marlou

« Villon, écrit Kléber Haedens, est le seul cambrioleur professionnel qui ait légué une grande œuvre à la littérature française. » C'est un mauvais garçon, un marlou, un truand, un assassin. Il est, avec un talent qui touche parfois au génie, l'ancêtre de nos délinquants des quartiers difficiles. Il annonce de loin Jean Genet, déserteur et voleur.

Ce que nous savons de Villon, ce sont les registres de police et les archives judiciaires qui nous l'apprennent malgré lui. Il naît, probablement en 1431, dans un Paris agité, où règnent les Anglais, que Jeanne d'Arc vient d'assiéger en vain, et où rixes et bagarres sont le pain quotidien des étudiants faméliques. Nous ignorons jusqu'à son nom. Il s'appelle François, dit de Montcorbier ou des Loges, mais il prend le nom de son « plus-que-père », maître Guillaume de Villon, chanoine de Saint-Benoît-le-Bétourné, près de la rue Saint-Jacques, à Paris. Dès sa plus petite enfance, il connaît la misère :

> *Pauvre je suis de ma jeunesse,*
> *De pauvre et de petite extrace ;*
> *Mon père n'eut onc grand richesse,*
> *Ni son aïeul, nommé Horace.*

Il suit des cours à la Sorbonne, et la faculté des arts — c'est-à-dire des lettres — le reçoit successivement comme bachelier, comme licencié et comme maître ès arts. Il semble que ces études, il les poursuive dans les tavernes, un poignard à la main, et qu'il les prenne à la légère :

> *Hé Dieu ! si j'eusse étudié*
> *Au temps de ma jeunesse folle*
> *Et à bonnes mœurs dédié,*
> *J'eusse maison et couche molle !*
>
> *Mais quoi ! je fuyoie l'école*
> *Comme fait le mauvais enfant ;*
> *En écrivant cette parole*
> *À peu que le cœur ne me fend.*

Par une belle soirée de printemps, le 5 juin 1455, près du jardin de l'hôtel de Cluny, il tue un prêtre pour des motifs obscurs, et il s'enfuit de Paris. Moins d'un an plus tard, il reparaît et il organise avec des complices un casse de cinq cents écus d'or au Collège de Navarre, sur l'emplacement de l'École polytechnique d'aujourd'hui. C'est le moment précis qu'il choisit pour composer son *Lai* ou *Lais* — c'est-à-dire legs —, appelé aussi parfois, à tort, son *Petit Testament*, où émotion et ironie alternent et se confondent :

> *Item, je laisse à mon barbier*
> *Les rognures de mes cheveux,*
> *Pleinement et sans détourbier ;*
> *Aux savetiers mes souliers vieux*

et il commence une vie errante qui ne se terminera que six ans plus tard avec sa disparition.

On retrouve sa trace ici ou là. Il est accueilli à Blois par Charles d'Orléans, son illustre aîné, poète et mécène, père de Louis XII, auteur de vers qui ne sont pas oubliés :

> *Le temps a laissé son manteau*
> *De vent, de froidure et de pluie*

ou :

> *Hiver, vous n'êtes qu'un vilain.*

Villon, à cette occasion, en guise de lettres de château, écrit une ballade conservée par le duc dans ses papiers :

> *Je meurs de soif auprès de la fontaine*
> *[...]*
> *Rien ne m'est sûr que la chose incertaine.*

Il a raison de s'inquiéter de « la chose incertaine ». Affilié à une bande de malfaiteurs, les Coquillards, il est arrêté et emprisonné à Meung-sur-Loire – patrie de Jean de Meung, l'un des auteurs du *Roman de la Rose* – par l'évêque d'Orléans. Le régime est rude. Au pain et à l'eau, les pieds enchaînés, Villon est torturé, soumis à la question par l'eau, lorsque, par chance, le nouveau roi, Louis XI, qui vient de monter sur le trône, longe la Loire et passe par Meung. Le roi accordait des lettres de rémission à tous les prisonniers des villes qu'il visitait : il gracie Villon, « plus maigre que chimère », qui se hâte de regagner Paris pour y achever son *Grand Testament*, composé d'une longue suite de strophes de huit vers octosyllabiques, interrompue ici et là par des ballades. Il attaque l'évêque d'Orléans qui l'a emprisonné, il remercie Louis XI qui l'a libéré, il évoque sa jeunesse, il reconnaît ses torts :

> *Je suis pécheur, je le sais bien,*

il chante la mort et le temps qui passe et, à nouveau, sur un ton mi-grave, mi-ironique, il distribue ses biens :

> *Item, mon corps j'ordonne et laisse*
> *À notre grand mère la terre ;*
> *Les vers n'y trouveront grand graisse :*
> *Trop lui a fait faim dure guerre !*

Il est, une nouvelle fois, enfermé pour vol au Châtelet. Et bientôt relâché. Mais quelques mois à peine plus tard, après souper, avec trois camarades, dans la rue de la Parcheminerie, qui est celle des libraires, des copistes et des notaires, il insulte maître Ferrebouc et ses clercs en train de travailler dans leur *escritoire* éclairé. Qui est maître Ferrebouc ? Tiens ! tiens ! c'est le notaire pontifical chargé d'instruire l'affaire, déjà ancienne, du cambriolage du Collège de Navarre. Maître Ferrebouc a l'imprudence de sortir de chez lui et de descendre dans la rue. Injures. Bagarre. Les poignards jaillissent. Des coups sont portés. Villon est arrêté, déféré au Châtelet, torturé à nouveau, condamné à « être pendu et étranglé ».

Villon fait appel. Le 5 janvier 1463, le parlement casse le jugement. Mais « eu égard à la mauvaise vie dudit Villon, bannit ce dernier pour dix ans de la ville, prévôté et vicomté de Paris ». Villon a trente et un ans. Il disparaît sans laisser de traces. Nous ne savons plus rien de lui.

Entre débauche et fraîcheur, entre ironie et tendresse, au coin de la rue d'où il épie ceux qu'il va dévaliser ou au pied des gibets où expirent les pendus, Villon le voyou est un très grand poète. Peut-être faudra-t-il attendre Henri Heine pour retrouver une voix aussi capable de passer de la gaieté à la tristesse et de la raillerie à l'émotion, aussi diverse et aussi libre. Au milieu des bateleurs, des pilleurs, des filles publiques, des maquereaux, sorti d'une de ces danses macabres que nous voyons sur les murs de nos vieilles églises, il chante la vie, le mal, le corps des femmes « qui tant est tendre, poli, souef et précieux », et la mort.

BALLADE DES DAMES DU TEMPS JADIS

Dites-moi où n'en quel pays
Est Flora la belle Romaine
Archipiades ne Thaïs
Qui fut sa cousine germaine

> [...]
> *Où est la très sage Hélois*
> *Pour qui fut chastré et puis moine*
> *Pierre Esbaillart à Saint-Denis ?*
> [...]
> *Où sont-ils, Vierge souveraine ?*
> *Mais où sont les neiges d'antan ?*

Esbaillart, c'est Abélard. Mais qui est Archipiades ? C'est Alcibiade, et Villon, non content de le changer en femme, en fait la cousine de Thaïs qui est, on ne sait pas, soit la courtisane athénienne maîtresse d'Alexandre le Grand, soit la courtisane d'Égypte, convertie et retirée dans un couvent. Quelle importance ? La magie de la poésie n'a pas besoin d'exactitude. Elle a besoin d'angoisse et de gaieté, elle a besoin des neiges d'antan, elle a besoin de mystère, de beauté et de foi.

La foi, une foi d'enfant naïve, se combine dans l'âme de cet habitué des tavernes, de ce pilier de bordel, avec le goût du casse et de l'attaque à main armée. Villon fait parler sa mère dans cette prière à la Vierge :

> *Dame du ciel, régente terrienne,*
> *Emperière des infernaux palus,*
> *Recevez-moi, votre humble chrétienne,*
> *Que comprise sois entre vos élus,*
> *Ce nonobstant qu'oncques rien ne valus.*
> [...]
> *En cette foi, je veux vivre et mourir.*
>
> *À votre Fils dites que je suis sienne ;*
> *De lui soient mes péchés absolus ;*
> *Pardonne-moi comme à l'Égyptienne*
> *Ou comme fit au clerc Theophilus*
> *Lequel par vous fut quitte et absolus.*
> [...]
> *En cette foi je veux vivre et mourir.*

Femme je suis pauvrette et ancienne
Qui rien ne sais ; oncques lettre ne lus.
Au moustier vois, dont suis paroissienne,
Paradis peint où sont harpes et luths,
Et un enfer où damnés sont boullus.
[...]
En cette foi je veux vivre et mourir.

Juste avant sa disparition définitive, alors qu'il est condamné à être pendu, Villon écrit, en forme de ballade, sa propre épitaphe. Plus de quatre cents ans avant Oscar Wilde, ce sont déjà les accents déchirants de la *Ballade de la geôle de Reading*. Ce n'est plus le poète qui parle ni sa mère, ce sont les morts eux-mêmes du haut de leur gibet :

BALLADE DES PENDUS

Frères humains qui après nous vivez,
N'ayez les cœurs contre nous endurcis,
Car, si pitié de nous pauvres avez,
Dieu en aura plus tost de vous mercis.
Vous nous voyez ci attachés cinq, six :
Quant de la chair que trop avons nourrie,
Elle est pieça devorée et pourrie,
Et nous, les os, devenons cendre et poudre.
De notre mal personne ne s'en rie ;
Mais priez Dieu que tous nous veuille absoudre !
[...]

La pluie nous a débués et lavés,
Et le soleil desséchés et noircis ;
Pies, corbeaux nous ont les yeux cavés
Et arraché la barbe et les sourcils.
Jamais nul temps nous ne sommes assis ;
Puis çà, puis là, comme le vent varie,
À son plaisir sans cesser nous charrie,
Plus becquetés d'oiseaux que dés à coudre.

Ne soyez donc de notre confrérie ;
Mais priez Dieu que tous nous veuille absoudre !

Prince Jésus, qui sur tout as maistrie,
Garde qu'Enfer n'ait de nous seigneurie :
À lui n'ayons que faire ne que soudre ;
Hommes, ici n'a point de moquerie ;
Mais priez Dieu que tous nous veuille absoudre !

Biographie

Vers 1431. Naissance de François de Montcorbier (ou des Loges).
1452. Maître ès arts.
5 juin 1455. Banni pour le meurtre d'un prêtre.
1456. Obtient la rémission pour son crime.
24 décembre 1456. Cambriolage du Collège de Navarre.
1461. Emprisonné à Meung-sur-Loire.
2 octobre 1461. Amnistié avec l'avènement de Louis XI.
5 janvier 1463. Banni pour dix ans de Paris. On perd sa trace.

Œuvres

1456. Les Lais *ou* Petit Testament
1461. Le Testament *ou* Grand Testament
   Ballades en jargon
   Concours de Blois *(ballade)*
   Contre-vérités *(ballade)*
   Proverbes *(ballade)*

Extraits choisis

Souvent écrits sous le coup de ses mésaventures, les poèmes de Villon échappent pourtant aux faits divers crapuleux des coquillards qu'il fréquente. Le Testament, qu'il compose en son « trentième âge », est un poème autobiographique écrit sur un ton personnel et ému où le poète dévoile l'homme qu'il est avec ses failles, ses peurs et ses remords à travers des images concrètes d'un puissant réalisme.

Le Testament

EN L'AN DE MON TRENTIÈME ÂGE
Que toutes mes hontes j'eus bues,
Ni du tout fol, ni du tout sage,
Non obstant maintes peines eues,
Lesquelles toutes j'ai reçues
Sous la main Thibault d'Aussigny...
S'évêque il est, signant les rues,
Qu'il soit le mien je le renie.

Mon seigneur n'est ni mon évêque,
Sous lui ne tiens, s'il n'est en friche ;
Foi ne lui dois, n'hommage avecque,
Je ne suis son serf ni sa biche.
Peu m'a d'une petite miche
Et de froide eau tout un été ;
Large ou étroit, moult me fut chiche :
Tel lui soit Dieu qu'il m'a été !

Et s'aucun me voulait reprendre
Et dire que je le maudis,
Non fais, si bien le sait comprendre,
En rien de lui je ne médis.
Voici tout le mal que j'en dis :
S'il m'a été miséricors,
Jésus, le roi de Paradis,
Tel lui soit à l'âme et au corps !

Et s'été m'a dur et cruel
Trop plus que ci ne le raconte,
Je veux que le Dieu éternel
Lui soit donc semblable à ce compte...
Et l'Église nous dit et compte
Que prions pour nos ennemis !
Je vous dirai : « J'ai tort et honte,
Quoi qu'il m'ait fait, à Dieu remis ! »

Si prierai pour lui de bon cœur,
Et pour l'âme de feu Cotart.
Mais quoi ? ce sera donc par cœur,
Car de lire je suis fêtart.
Prière en ferai de Picart ;
S'il ne la sait, voise l'apprendre,
S'il m'en croit, ains qu'il soit plus tard,
À Douai ou à Lille en Flandre !

Combien, si ouïr veut qu'on prie
Pour lui, foi que dois mon baptême !
Obstant qu'à chacun ne le crie,
Il ne faudra pas à son esme.
Au Psautier prends, quand suis à même
Qui n'est de bœuf ni cordouen,
Le verselet écrit septième
Du psëaume Deus laudem.

Si prie au benoit fils de Dieu,
Qu'à tous mes bedsoins je réclame,
Que ma pauvre prière ait lieu
Vers lui, de qui tiens corps et âme,
Qui m'a préservé de maint blâme
Et franchi de vile puissance.
Loué soit-il, et Notre Dame,
Et Loys, le bon roi de France !

Auquel doint Dieu l'heur de Jacob
Et de Salmon l'honneur et gloire
(Quant de prouesse, il en a trop,
De force aussi, par m'âme ! voire) :
En ce monde-ci transitoire
Tant qu'il a de long et de lé,
Afin que de lui soit mémoire
Vivre autant que Mathusalé !

Et douze beaux enfants, tous mâles
Voire de son cher sang royal,
Aussi preux que fut le grand Charles,
Conçus en ventre nuptial,
Bons comme fut saint Martial !
Ainsi en prenne au feu Dauphin !
Je ne lui souhaite autre mal,
Et puis Paradis en la fin.

Pour ce que faible je me sens
Trop plus de biens que de santé,
Tant que je suis en mon plein sens,
Si peu que Dieu m'en a prêté,
Car d'autre ne l'ai emprunté,
J'ai ce testament très estable
Fait, de dernière volonté,
Seul pour tout et irrévocable.

Écrit l'ai l'an soixante et un,
Que le bon roi me délivra
De la dure prison de Meung,
Et que vie me recouvra,
Dont suis, tant que mon cœur vivra,
Tenu vers lui m'humilier,
Ce que ferai tant qu'il mourra :
Bienfait ne se doit oublier.

Or est vrai qu'après plaints et pleurs
Et angoisseux gémissements,
Après tristesses et douleurs,
Labeurs et griefs cheminements,
Travail mes lubres sentiments,
Aiguisés comme une pelote,
M'ouvrit plus que tous les Comments
D'Aerroïs sur Aristote.

Combien qu'au plus fort de mes maux,
En cheminant sans croix ni pille,
Dieu, qui les pèlerins d'Emmaus
Conforta, ce dit l'Evangile,
Me montra une bonne ville
Et pourvut du don d'espérance ;
Combien que le pécheur soit vil
Rien ne hait que persévérance.

Je suis pécheur, je le sais bien ;
Pourtant ne veut pas Dieu ma mort,
Mais convertisse et vive en bien,
Et tout autre que péché mort.
Combien qu'en péché soye mort,
Dieu vit, et sa miséricorde.
Si conscience me remord,
Par sa grâce pardon m'accorde.

Et comme le noble Roman
De la Rose dit et confesse
En son premier commencement
Qu'on doit jeune cœur en jeunesse,
Quand on le voit vieil en vieillesse,
Excuser, hélas ! il dit voir ;
Ceux donc qui me font telle presse
En meurté ne me voudraient voir.

Si pour ma mort, le bien publique
D'aucune chose vaulsist mieux,
À mourir comme un homme inique
Je me jugeasse, ainsi m'ait Dieux !
Griefs ne fais à jeunes n'a vieux,
Soye sur pied ou soye en bière :
Les monts ne bougent de leurs lieux,
Pour un pauvre, n'avant n'arrière.

Au temps qu'Alexandre régna,
Un homme nommé Diomédès
Devant lui on lui amena
Engrillonné pouces et dés
Comme un larron, car il fut des
Écumeurs que voyons courir,
Si fut mis devant ce cadès
Pour être jugé à mourir.

L'empereur si l'araisonna :
« Pourquoi es-tu larron en mer ? »
L'autre réponse lui donna :
« Pourquoi larron me fais nommer ?
Pour ce qu'on me voit écumer
En une petiote fûte ?
Si comme toi me pusse armer,
Comme toi empereur je fusse.

« Mais que veux-tu ? De ma fortune
Contre qui ne puis bonnement,
Qui si faussement me fortune,
Me vient tout ce gouvernement.
Excuse-moi aucunement
Et sache qu'en grand pauvreté,
Ce mot se dit communément,
Ne gît pas grande loyauté. »

Quand l'empereur eut remiré
De Diomédès tout le dit :
« Ta fortune je te muerai
Mauvaise en bonne », si lui dit.
Si fit-il. Onc puis ne méfit
À personne, mais fut vrai homme ;
Valère pour vrai le baudit,
Qui fut nommé le Grand à Rome.

Si Dieu m'eût donné rencontrer
Un autre piteux Alexandre
Qui m'eût fait en bon heur entrer,
Et lors qui m'eût vu condescendre
À mal, être ars et mis en cendre
Jugé me fusse de ma voix.
Nécessité fait gens méprendre
Et faim saillir le loup du bois.

Je plains le temps de ma jeunesse
(Auquel j'ai plus qu'autre gallé
Jusques à l'entrée de vieillesse)
Qui son partement m'a celé.
Il ne s'en est à pied allé
N'à cheval : hélas ! comment donc ?
Soudainement s'en est volé
Et ne m'a laissé quelque don.

Allé s'en est, et je demeure,
Pauvre de sens et de savoir,
Triste, failli, plus noir que meure,
Qui n'ai ne cens, rente, n'avoir ;
Des miens le moindre, je dis voir,
De me désavouer s'avance,
Oubliant naturel devoir
Par faute d'un peu de chevance.

Si ne crains avoir despendu
Par friander ni par licher ;
Par trop aimer n'ai rien vendu
Qu'amis me puissent reprocher,
Au moins qui leur coûte moult cher.
Je le dis et ne crois médire ;
De ce je me puis revancher,
Qui n'a méfait ne doit le dire.

Bien est verté que j'ai aimé
Et aimeraye volontiers :
Mais triste cœur, ventre affamé
Qui n'est rassasié au tiers,
M'ôte des amoureux sentiers.
Au fort, quelqu'un s'en récompense
Qui est rempli sur les chantiers ;
Car la danse vient de la panse.

Hé ! Dieu, si j'eusse étudié
Au temps de ma jeunesse folle
Et à bonnes mœurs dédié,
J'eusse maison et couche molle.
Mais quoi ? je fuyaie l'école,
Comme fait le mauvais enfant.
En écrivant cette parole,
À peu que le cœur ne me fend.

Le dit du Sage trop lui fis
Favorable (bien en puis mais !)
Qui dit : « Ejouis-toi, mon fils,
En ton adolescence » ; mais
Ailleurs sert bien d'un autre mets,
Car « jeunesse et adolescence »,
C'est son parler, ni moins ni mais,
« Ne sont qu'abus et ignorance ».

Mes jours s'en sont allés errants
Comme, dit Job, d'une touaille
Font les filets, quand tisserand
En son poing tient ardente paille :
Lors, s'il y a nul bout qui saille,
Soudainement il le ravit.
Si ne crains plus que rien m'assaille,
Car à la mort tout assouvit.

Où sont les gracieux galants
Que je suivais au temps jadis,
Si bien chantants, si bien parlants,
Si plaisants en faits et en dits ?
Les aucuns sont morts et raidis,
D'eux il n'est plus rien maintenant :
Repos ayent en paradis,
Et Dieu sauve le demeurant !

Et les aucuns sont devenus,
Dieu merci ! grands seigneurs et maîtres ;
Les autres mendient tout nus
Et pain ne voyent qu'aux fenêtres ;
Les autres sont entrés en cloîtres
De Célestins et de chartreux,
Bottés, housés com pêcheurs d'oistres.
Voyez l'état divers d'entre eux.

Aux grands maîtres Dieu doint bien faire,
Vivant en paix et en requoy ;
En eux il n'y a que refaire,
Si s'en fait bon taire tout coi.
Mais aux pauvres qui n'ont de quoi,
Comme moi, Dieu doint patience ;
Aux autres ne faut qui ne quoi,
Car assez ont pain et pitance.

Bons vins ont, souvent embrochés,
Sauces, brouets et gros poissons,
Tartes, flans, œufs frits et pochés,
Perdus et en toutes façons.
Pas ne ressemblent les maçons,
Que servir faut à si grand peine :
Ils ne veulent nuls échansons,
De soi verser chacun se peine.

Et cet incident me suis mis
Qui de rien ne sert à mon fait.
Je ne suis juge, ni commis
Pour punir n'absoudre méfait :
De tous suis le plus imparfait,
Loué soit le doux Jésus-Christ !
Que par moi leur soit satisfait !
Ce qui est écrit est écrit.

Laissons le moustier où il est ;
Parlons de chose plus plaisante :
Cette matière à tous ne plaît,
Ennuyeuse est et déplaisante.
Pauvreté, chagrine, dolente,
Toujours dépiteuse et rebelle,
Dit quelque parole cuisante ;
S'elle n'ose, si la pense elle.

Pauvre je suis de ma jeunesse,
De pauvre et de petite extrace ;
Mon père n'eut onc grand richesse
De son aïeul, nommé Horace ;
Pauvreté tous nous suit et trace.
Sur les tombeaux de mes ancêtres,
Les âmes desquels Dieu embrasse,
On n'y voit couronnes ni sceptres.

De pauvreté me garmentant,
Souventes fois me dit le cœur :
« Homme, ne te doulouse tant
Et ne démène tel douleur,
Si tu n'as tant qu'eut Jacques Cœur :
Mieux vaut vivre sous gros bureau
Pauvre, qu'avoir été seigneur
Et pourrir sous riche tombeau ! »

Qu'avoir été seigneur !... Que dis ?
Seigneur, las ! et ne l'est-il mais ?
Selon les davitiques dits
Son lieu ne connaîtras jamais.
Quant du surplus, je m'en démets :
Il n'appartient à moi, pécheur ;
Aux théologiens le remets,
Car c'est office de prêcheur.

Si ne suis, bien le considère,
Fils d'ange, portant diadème
D'étoile ni d'autre sidère.
Mon père est mort, Dieu en ait l'âme !
Quant est du corps, il gît sous lame.
J'entends que ma mère mourra
Et le sait bien la pauvre femme,
Et le fils pas ne démourra.

Je connais que pauvres et riches,
Sages et fous, prêtres et lais,
Nobles, vilains, larges et chiches,
Petits et grands, et beaux et laids,
Dames à rebassés collets,
De quelconque condition,
Portant atours et bourrelets,
Mort saisit sans exception.

Et meurent Pâris et Hélène,
Quiconque meurt, meurt à douleur
Telle qu'il perd vent et haleine :
Son fiel se crève sur son cœur,
Puis sue, Dieu sait quelle sueur !
Et n'est qui de ses maux l'allège :
Car enfant n'a, frère ni sœur,
Qui lors voulût être son plège :

La mort le fait frémir, pâlir,
Le nez courber, les veines tendre,
Le col enfler, la chair mollir,
Jointes et nerfs croître et étendre.
Corps féminin, qui tant es tendre,
Poli, souef, si précieux,
Te faudra-t-il ces maux attendre ?
Oui, ou tout vif aller aux cieux.

Rabelais
(vers 1494-1553)

L'ivresse du savoir

La date de naissance de Rabelais, à Chinon, dans une famille, quelle chance ! de vignerons et de cabaretiers, reste incertaine. Elle oscille entre 1484 et 1495. Plus près sans doute de 1495. L'essentiel est qu'il est l'exact contemporain de la découverte de l'Amérique et de l'invention de l'imprimerie. Il incarne mieux que personne le bouillonnement et l'allégresse de la Renaissance. Il correspond avec Budé et avec Érasme, à qui il écrit : « Je vous ai nommé père, je dirais même mère. » Il est le symbole d'un humanisme à la fois tempéré et renforcé par le rire.

L'image de Rabelais est aussi incertaine que la date de sa naissance. Nous connaissons ses livres, ses voyages, les événements de sa vie. Peu de chose de sa personne et de son caractère. Il a eu deux enfants, François et Junie, d'une veuve dont on ne sait rien. Le reste... Pour les uns, c'est un ivrogne et un paillard ; pour les autres, un homme sérieux et rangé. Pour les uns, un jouisseur, qui aime les lettres ; pour les autres, un érudit, qui égare le lecteur dans des beuveries et des aventures picaresques. Tout cela en même temps, probablement. Il aime boire. Et il est savant. Il fut moine franciscain, puis bénédictin, et il apprend le grec, le latin et l'hébreu avant de passer dans le clergé séculier. Il fut surtout médecin à Montpellier et à Lyon. C'est à Lyon que, sous le pseudonyme d'Alcofribas Nasier, anagramme de François Rabelais, il publie *Pantagruel* en 1532. Puis, en 1535, *Gargantua*, qui deviendra plus tard – Gargantua étant le père de Pantagruel – le premier livre de l'œuvre complète. Le Collège de France est fondé en 1530 par François Ier. Montaigne naît en 1533. L'ordonnance de Villers-Cotterêts rend le français obligatoire dans les actes publics en 1539. Tout bouge. Jamais l'avenir n'a été plus présent. Les géants de Rabelais sont aux dimensions de l'époque.

Rabelais se rendra à Rome avec le cardinal du Bellay et en rapportera la romaine, le melon, l'artichaut et l'œillet, dont il a subtilisé les graines dans les jardins du pape. Il deviendra curé de Meudon et évoluera avec habileté entre deux périls opposés et parallèles qu'il récuse, moque et combat avec la même ardeur : Calvin et la Sorbonne. Car les bonheurs de l'humanisme et de la Renaissance sont suivis assez vite par les malheurs des guerres de Religion qui font horreur à Rabelais. Il publiera encore le *Tiers Livre*, puis le *Quart Livre*.

« L'œuvre de Rabelais, écrit Michel Butor, est probablement la plus difficile de la littérature française. Mallarmé est aisé à côté. » Et La Bruyère : « Son livre est une énigme. » En face d'admirateurs répartis sur cinq siècles, et souvent parmi eux, s'élèvent des voix désolées : « Un Michel-Ange de l'ordure », dit Barbey d'Aurevilly. Et, si loin de Barbey, réactionnaire et normand, George Sand, berrichonne et socialiste : « Ô divin maître, vous êtes un atroce cochon. » En vérité, ce qui est au cœur de Rabelais, ce qui constitue le ressort de son œuvre, c'est un formidable amour de la vie. Cet amour de la vie prend les formes les plus diverses, et parfois les plus contradictoires. Il mène à la fois au goût du savoir et à celui de la dive bouteille, qui ne fait sans doute qu'un avec le savoir. Et, dans l'un et l'autre domaines, il se confond avec le fameux rire rabelaisien, qui retentit encore de nos jours : « Mieux vaut de ris que de larmes escrire, pour ce que rire est le propre de l'homme. »

Ce que veut Rabelais, c'est à la fois amuser et instruire. La seule règle de conduite de l'abbaye de Thélème est : « Fay ce que voudras » et le rire est au centre de toute l'œuvre. Mais l'auteur recommande aussi de « rompre l'os et sucer la substantifique moelle ». À la fin du *Cinquième Livre*, qui n'est pas entièrement de Rabelais et qui paraît après sa mort, la réponse de l'oracle de la Dive Bouteille est pour le moins ambiguë : « Trink » — c'est-à-dire : « Bois ! » À la bouteille de Rabelais chacun s'abreuve sans doute de vin, et du meilleur, mais aussi de savoir et de toutes les beautés, de toutes les richesses du monde.

Dès l'âge de trois ans, Gargantua est « nourri et institué en toute discipline convenante » et la célèbre lettre de Gargantua à son fils Pantagruel constitue le manuel de l'humanisme renaissant. Chez Rabelais comme chez ses personnages, la soif de savoir est inextinguible et son programme d'éducation est encyclopédique. Il s'adresse à des êtres d'exception dans des cadres d'exception. La beauté est inséparable du savoir et tient lieu de toute religion. Toute psychologie, en revanche, et peut-être, mais plus subtilement, toute morale sont absentes de l'œuvre de Rabelais : elles sont remplacées par l'explosion constante du plaisir du corps et de l'esprit. La nature est bonne et suffit à tout. Pour aimer et craindre Dieu et comprendre que « science sans conscience n'est que ruine de l'âme », inutile de s'encombrer de règles.

Les personnages de Rabelais relèvent d'une farce énorme, bien au-delà de tout réalisme. Mais d'une farce qui n'est pas gratuite : si Gargantua et Pantagruel sont au-delà de tout ce que nous connaissons, c'est que l'homme est capable de dépasser toute limite. Le sens et la farce sont inextricablement mêlés et la vérité sort des rires. Six pèlerins mangés en salade survivent dans la bouche de Gargantua dont les gants sont faits de seize peaux de lutins brodées de loup-garou, Jean des Entommeurs fait sauter bras et jambes, écrabouille les cervelles, massacre avec allégresse tout ce qui lui tombe sous la main, les cloches de Notre-Dame sont attachées au cou d'une jument et des fleuves de vin jaillissent de montagnes de légende. Pas l'ombre de réalisme dans l'œuvre de Rabelais qui passe parfois, bien à tort, pour une sorte de peintre réaliste de l'existence. Mais dans un cadre de richesse et de beauté un perpétuel excès de vie.

Cette vie fabuleuse et puissante est traduite dans un langage d'une invention constante. Le rire est le propre de Rabelais. Et le langage est son royaume. Parce que la psychologie est bannie de son œuvre, Rabelais est très loin de tout un pan de ce que nous entendons aujourd'hui sous le nom de littérature. Il n'appartient pas au même monde qu'un Laclos, qu'un Constant, qu'un Stendhal, qu'un Flaubert. Il est aux antipodes d'un Proust, et même d'un Balzac. Mais parce que son œuvre est une épopée du langage, il y a peut-être un écrivain de notre siècle qu'il annonce et qui, avec un peu d'audace, pourrait lui être comparé : c'est James Joyce. Appuyé à la fois, chez l'un et chez l'autre, sur une symbolique du voyage et sur une commune témérité qui leur a valu à tous deux des adversaires et des ennuis, le langage jette un pont entre Rabelais et Joyce. Et quoi d'étonnant à voir le langage traduire les voyages d'Ulysse ou de Panurge et les obscénités de Rabelais et de Joyce ? Tout langage est exploration, tout langage est transgression.

Chez Rabelais comme chez Joyce, le langage est une recherche. Grand créateur de mots, l'auteur de *Gargantua* et de *Pantagruel* ne s'embarrasse pas plus des règles de la langue que de celles de la morale ou de la psychologie. Noms de vêtements ou de torche-cul, de chapeaux ou de navires, il sème à tout vent et il jette à profusion ses distorsions et ses inventions.

Ce n'est pas seulement le langage qu'invente Rabelais. En vérité, c'est le roman moderne. Le roman naît quand les dieux s'effacent pour laisser place aux hommes et quand la dérision l'emporte sur la piété et sur la vénération. Les romans grecs et *L'Âne d'or* d'Apulée – que Rabelais et Cervantès connaissaient fort bien et dont ils se sont servis – sont les premiers à renoncer aux dieux et à remettre entre les mains des hommes un destin dérisoire. C'est leur humanisme plein de rires et de moqueries qui fait de Rabelais, puis de Cervantès, les fondateurs du roman moderne. Sauf la psychologie et la morale, qui donneront lieu plus tard à des variations très brillantes mais qui contribueront aussi à un alourdissement des œuvres, rien ne manque chez Rabelais de ce qui fait le roman d'aujourd'hui. *Gargantua* et *Pantagruel* sont des romans de formation, où l'imagination se donne libre cours et où figurent des personnages qui sont devenus des archétypes, comme Cosette ou Jean Valjean, comme Mme Bovary. Non seulement Gargantua et Pantagruel eux-mêmes, mais Panurge, sorte d'Ulysse immoral et rusé, Picrochole, l'ambitieux, frère Jean des Entommeurs, l'homme d'action et de main, sont passés dans le langage courant. Une foule de personnages secondaires, le philosophe Trouillogan ou Janotus de Bragmardo, bafouilleur et docteur en Sorbonne, viennent animer la scène. À chaque instant, les aventures les plus burlesques, où le réalisme n'est qu'un instrument au service de la pensée encyclopédique et de l'imagination romanesque, se combinent avec une polémique politique et religieuse dirigée à la fois contre les catholiques romains de l'île des Papimanes et les Réformés de l'île des Papefigues.

Polémiste, encyclopédiste, savant, grand voyageur épris de tolérance, moraliste sans morale, éducateur, ivrogne, humaniste camouflant son humanisme sous des torrents d'obscénités, romancier se servant du réalisme au seul bénéfice de l'imagination, linguiste maître du langage et créateur de mots, Rabelais est un précurseur dans tous les domaines et la plus comique de nos énigmes.

Biographie

Vers 1494. Naissance vers Chinon.
1521. Monastère de Fontenay-le-Comte.
Vers 1524. Bénédictin à l'abbaye de Maillezais.
Vers 1527. Quitte le Poitou.
1530-1531. Premiers grades de médecine à Montpellier.
1532. S'établit à Lyon. Publie Les Horribles et Espouventables Faictz et prouesses du tres renommé Pantagruel, roi des Dipsodes *sous le pseudonyme d'Alcofrybas Nasier ainsi que la* Pantagrueline Prognostication.
1534. Voyage à Rome avec Jean du Bellay.
Août 1534. Gargantua.
1535. Nouveau voyage à Rome avec Jean du Bellay.
Août 1536. Devient chanoine prébendé à Saint-Maur-des-Fossés.
1537. Licence puis doctorat en médecine à Montpellier.
Juillet 1538. Présent à Aigues-Mortes lors de la rencontre entre Charles Quint et François Ier.
1540-1543. Au service de Guillaume du Bellay dans le Piémont.
1542. Deuxième édition (expurgée) de Pantagruel *et* Gargantua. *Les deux sont comdamnés par la Sorbonne.*
1546. Publie le Tiers Livre des Faictz et dictz héroïques du noble Pantagruel *sous son vrai nom, est condamné par la Sorbonne.*
1547. Troisième voyage à Rome.
1552. Parution du Quart livre définitif.
1550-1552. Obtient la cure de Meudon.
9 avril 1553. Meurt à Paris.
1564. Le Cinquième Livre *paraît, rédigé d'après les notes de Rabelais.*

Œuvres

1532. Les Horribles et Espouventables Faictz et prouesses du tres renommé Pantagruel
Pantagrueline Prognostication
1534. Gargantua
1542. Pantagruel *et* Gargantua *(2ᵉ édition expurgée)*
1546. Tiers Livre des Faictz et dictz héroïques du noble Pantagruel
1552. Quart livre
1564. Cinquième livre *(posthume et contesté)*

Extraits choisis

L'œuvre de Rabelais s'écrit au fil du temps, sans trame prédéfinie. La seule unité : l'histoire d'une même famille de géants. Une famille d'où les femmes sont absentes ou presque. Gargamelle et Badebec ne font qu'une brève apparition. C'est donc l'histoire de trois hommes : Grandgousier, Gargantua, son fils, et Pantagruel, son petit-fils.

Rabelais est un homme de l'humanisme naissant ; il a beaucoup lu, il est cultivé. Et si son œuvre respire la fantaisie et doit distraire le lecteur, elle n'oublie pas d'instruire.

Les humanistes se préoccupaient du grand problème de l'éducation et rêvaient d'une pédagogie nouvelle. Rabelais dira longuement son opinion sur la question, notamment dans une lettre qu'adresse Gargantua à son fils Pantagruel.

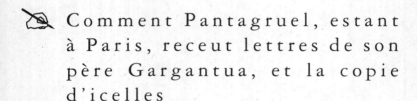

Comment Pantagruel, estant à Paris, receut lettres de son père Gargantua, et la copie d'icelles

PANTAGRUEL ESTUDIOIT FORT BIEN, COMME ASSEZ ENTENDEZ, et proufitoit de mesmes, car il avoit l'entendement à double rebras[1], et capacité de mémoire à la mesure de douze oyres[2] et botes d'olif[3]. Et, comme il estoit ainsi là demourant, receut un jour lettres de son père en la maniere que s'ensuyt :

« *Très chier filz,*

Entre les dons, grâces et prérogatives desquelles le souverain plasmateur[4] *Dieu tout puissant, a endouayré*[5] *et aorné*[6] *l'humaine nature à son com-*

---

1. *Repli.*
2. *Outres.*
3. *Tonneaux d'huile d'olive.*
4. *Créateur.*
5. *Gratifié d'un douaire* : doté (terme juridique).
6. *Orné* (lat. *adornare*).

mencement, celle me semble singuliere et excellente par laquelle elle peut, en estat mortel, acquérir une espèce de immortalité, et, en décours[1] de vie transitoire, perpétuer son nom et sa semence. Ce que est faict par lignée yssue de nous en mariage légitime. Dont nous est aulcunement instauré[2] ce que nous feut tollu[3] par le péché de nos premiers parens, esquelz[4] fut dict que, parce qu'ilz n'avoyent esté obéyssans au commendement de Dieu le créateur, ilz mourroyent, et, par mort, seroit réduicte à néant ceste tant magnificque plasmature[5] en laquelle avoit esté l'homme créé.

« Mais, par ce moyen de propagation séminale, demoure ès enfans ce que estoit de perdu ès parens, et ès nepveux ce que dépérissoit ès enfans ; et ainsi successivement jusques à l'heure du jugement final, quand Jésus-Christ aura rendu à Dieu le père son royaulme pacificque hors tout dangier et contamination de péché[6] ; car alors cesseront toutes générations et corruptions, et seront les élémens hors de leurs transmutations continues, veu que la paix tant désirée sera consumée[7] et parfaicte, et que toutes choses seront réduites à leur fin et période[8].

« Non doncques sans juste et équitable cause, je rends grâces à Dieu, mon conservateur, de ce qu'il m'a donné povoir veoir mon antiquité chanue[9] refleurir en ta jeunesse ; car, quand, par le plaisir de luy, qui tout régist et modère, mon âme laissera ceste habitation humaine, je ne me réputeray totallement mourir, ains passer d'un lieu en aultre, attendu que, en toy et par toy, je demeure en mon image visible en ce monde, vivant, voyant, et conversant entre gens de honneur et mes amys, comme je souloys. Laquelle mienne conversation[10] a esté, moyennant l'ayde et grâce divine, non sans péché, je le confesse (car nous péchons tous, et continuellement requérons à Dieu qu'il efface noz péchez), mais sans reproche.

« Par quoy, ainsi comme en toy demeure l'image de mon corps, si pareillement ne reluysoient les meurs de l'âme, l'on ne te jugeroit estre garde et trésor de l'immortalité de nostre nom ; et le plaisir que prendroys, ce voyant, seroit petit, considérant que la moindre partie de moy, qui est le corps, demoureroit, et la meilleure, qui est l'âme, et par laquelle demeure

---

1. *En cours...*
2. *Réparé en quelque façon*, du latin *instaurare*.
3. *Enlevé.*
4. *Auxquels.*
5. *Forme.*
6. *Souillure.*
7. *Consommée.*
8. *Révolution.*
9. *Chenue.*
10. *Société, fréquentation.*

nostre nom en bénédiction entre les hommes, seroit dégénérante et abastardie. Ce que je ne dis par défiance que je aye de ta vertu, laquelle m'a esté jà par cy devant esprouvée, mais pour plus fort te encourager à proffiter de bien en mieulx.

« Et ce que présentement te escriz, n'est tant affin qu'en ce train vertueux tu vives, que de ainsi vivre et avoir vescu tu te resjouisses, et te refraischisses en courage pareil, pour l'advenir. À laquelle entreprinse parfaire et consommer, il te peut assez souvenir comment je n'ay rien espargné ; mais ainsi te y ay-je secouru comme si je n'eusse aultre thésor en ce monde que de te veoir une foys en ma vie absolu et parfaict, tant en vertu, honesteté et preudhommie[1], comme en tout sçavoir libéral et honeste, et tel te laisser après ma mort comme un mirouoir représentant la personne de moy ton père, et si non tant excellent et tel de faict comme je te souhaite, certes bien tel en désir.

« Mais, encores que feu mon père, de bonne mémoire, Grandgousier, eust adonné tout son estude à ce que je proffitasse en toute perfection et sçavoir politique, et que mon labeur et estude correspondit très bien, voire encores oultrepassast son désir, toutesfoys, comme tu peulx bien entendre, le temps n'estoit tant idoine ne commode ès lettres comme est de présent, et n'avoys copie[2] de telz précepteurs comme tu as eu.

« Le temps estoit encores ténébreux et sentant l'infélicité et calamité des Gothz qui avoient mis à destruction toute bonne littérature. Mais, par la bonté divine, la lumière et dignité a esté de mon eage rendue ès lettres, et y voy tel amendement que, de présent, à difficulté seroys-je receu en la première classe des petitz grimaulx, qui, en mon eage virile, estoys (non à tord) réputé le plus sçavant dudict siècle. Ce que je ne dis par jactance vaine, encores que je le puisse louablement faire en t'escripvant, comme tu as l'autorité de Marc Tulle en son livre de Vieillesse, et la sentence de Plutarche au livre intitulé : Comment on se peut louer sans envie, mais pour te donner affection de plus hault tendre.

« Maintenant toutes disciplines sont restituées, les langues instaurées ; Grecque, sans laquelle c'est honte que une personne se die sçavant, Hébraïcque, Chaldaïque, Latine. Les impressions[3] tant élégantes et correctes en usance, qui ont esté inventées de mon eage par inspiration divine, comme, à contrefil, l'artillerie par suggestion diabolicque. Tout le monde est plein de gens savans, de précepteurs très doctes, de librairies[4] très amples, qu'il m'est advis que, ny au temps de Platon, ny de Cicéron, ny de Papinian,

---

1. La prud'homie.
2. Abondance.
3. Livres imprimés.
4. Bibliothèques.

n'estoit telle commodité d'estude qu'on y veoit maintenant. Et ne se fauldra plus doresnavant trouver en place ny en compaignie, qui ne sera bien expoly en l'officine de Minerve. Je voy les brigans, les boureaulx, les avanturiers [1], les palefreniers de maintenant, plus doctes que les docteurs et prescheurs de mon temps.

« Que diray je ? Les femmes et les filles ont aspiré à ceste louange et manne céleste de bonne doctrine. Tant y a que, en l'eage où je suis, j'ay esté contrainct de apprendre les lettres Grecques, lesquelles je n'avois contemné [2] comme Caton, mais je n'avoys eu loysir de comprendre en mon jeune eage. Et voluntiers me délecte à lire les Moraulx de Plutarche, les beaux Dialogues de Platon, les Monumens de Pausanias, et Antiquitez de Atheneus [3], attendant l'heure qu'il plaira à Dieu mon créateur me appeller, et commander yssir de ceste terre.

« Parquoy [4], mon filz, je te admoneste que employe ta jeunesse à bien profiter en estudes et en vertus. Tu es à Paris, tu as ton précepteur Epistémon, dont l'un par vives et vocables instructions [5], l'aultre par louables exemples, te peut endoctriner. J'entens et veulx que tu aprenes les langues parfaictement : premièrement la Grecque, comme le veult Quintilian ; secondement, la Latine ; et puis l'Hébraïcque pour les sainctes lettres, et la Chaldaïcque et Arabicque pareillement ; et que tu formes ton stille, quand à la Grecque, à l'imitation de Platon ; quand à la Latine, de Cicéron. Qu'il n'y ait hystoire que tu ne tiennes en mémoire présente, à quoy te aydera la Cosmographie [6] de ceulx qui en ont escript.

« Des ars libéraux, Géometrie, Arisméticque et Musicque, je t'en donnay quelque goust quand tu estoys encores petit, en l'eage de cinq à six ans ; poursuys la reste, et de Astronomie saiche en tous les canons [7] ; laisse moy l'Astrologie divinatrice, et l'art de Lullius, comme abuz et vanitez. Du droit civil, je veulx que tu saiche par cueur les beaulx textes, et me les confère avecques philosophie.

« Et quand à la congnoissance des faictz de nature, je veulx que tu te y adonne curieusement : qu'il n'y ayt mer, rivière, ny fontaine, dont tu ne congnoisse les poissons ; tous les oyseaulx de l'air, tous les arbres, arbustes, et fructices [8] des forestz, toutes les herbes de la terre, tous les métaulx cachez

---

1. Soldats irréguliers.
2. Méprisé.
3. Athénée.
4. C'est pourquoi.
5. Instructions orales.
6. Géographie.
7. Les lois de l'astronomie.
8. Buissons.

au ventre des abysmes, les pierreries de tout Orient et Midy, rien ne te soit incongneu.

« *Puis songneusement revisite les livres des médicins Grecz, Arabes et Latins, sans contemner les Thalmudistes et Cabalistes, et, par fréquentes anatomies, acquiers toy parfaicte congnoissance de l'aultre monde, qui est l'homme. Et, par lesquelles heures du jour, commence à visiter les sainctes lettres, premièrement, en Grec, le* Nouveau Testament, *et* Epistres *des* Apostres, *et puis, en Hébrieu, le* Vieulx Testament.

« *Somme, que je voy un abysme de science. Car, doresnavant que tu deviens homme et te fais grand, il te fauldra yssir de ceste tranquillité et repos d'estude, et apprendre la chevalerie et les armes, pour défendre ma maison, et nos amys secourir en tous leurs affaires*[1]*, contre les assaulx des malfaisans. Et veulx que, de brief*[2]*, tu essaye combien tu as proffité, ce que tu ne pourras mieulx faire, que tenent conclusions*[3] *en tout sçavoir, publiquement, envers tous et contre tous, et hantant les gens lettrez qui sont tant à Paris comme ailleurs.*

« *Mais parce que, selon le saige Salomon, Sapience n'entre poinct en âme malivole*[4]*, et science sans conscience n'est que ruine de l'âme, il te convient servir, aymer, et craindre Dieu, et en luy mettre toutes tes pensées et tout ton espoir ; et, par foy formée de charité, estre à luy adjoinct, en sorte que jamais n'en soys desamparé par péché. Aye suspectz les abus du monde ; ne metz ton cueur à vanité*[5] *: car ceste vie est transitoire, mais la parole de Dieu demeure éternellement. Soys serviable à tous tes prochains, et les ayme comme toy mesmes. Révère tes précepteurs, fuis les compaignies des gens esquelz tu ne veulx point resembler, et, les grâces que Dieu te a données, icelles ne reçoipz en vain. Et quand tu congnoistras que auras tout le sçavoir de par delà acquis, retourne vers moy, affin que je te voye et donne ma bénédiction devant que mourir.*

« *Mon filz, la paix et grâce de Nostre Seigneur soit avecques toy.* Amen.
« *De Utopie, ce dix septiesme jour du moys de mars,*
« *Ton père,*
« *Gargantua* »

Pantagruel, vol. 1, chap. VIII

---

1. Embarras, difficultés.
2. Bientôt.
3. Soutenant des thèses.
4. Âme qui veut le mal.
5. N'applique ton cœur à des choses vaines.

Du Bellay
(1522-1560)

Un honnête désir de l'immortalité

Il faut imaginer la rencontre, un jour d'hiver, ou peut-être de printemps, vers la fin de la première moitié du XVIe siècle, dans une auberge du côté de Poitiers ou peut-être de la Loire, de deux jeunes gens d'une vingtaine d'années. Ils appartiennent l'un et l'autre à des familles anciennes et presque illustres. Ils sont beaux et charmants et un peu mélancoliques. Ils ont rêvé l'un et l'autre à la carrière des armes. Mais ils sont tous les deux menacés de surdité et ce qui les occupe maintenant, c'est l'amour de la poésie et des auteurs anciens. L'un s'appelle Pierre de Ronsard, l'autre Joachim du Bellay.

Le jeune du Bellay est né au château de la Turmelière, près du village de Liré, en Anjou. Famille de diplomates, de capitaines, de cardinaux. Ses parents sont morts tôt. Son frère René le néglige. Il souffre de solitude. Ronsard l'entraîne à Paris où ils vont étudier, tous les deux, sous la direction de Jean Dorat, helléniste et humaniste, au collège de Coqueret. On boit, on fait des vers, on se promène à la campagne. En 1539, par l'ordonnance de Villers-Cotterêts, François Ier a rendu obligatoire l'usage du français dans les actes publics. En 1549, le petit groupe de camarades qui ont constitué la « Brigade » — ce sera plus tard la « Pléiade » — décide, comme tant de jeunes auteurs après lui jusqu'aux surréalistes, de publier un manifeste. C'est le premier manifeste de notre littérature : ce ne sera pas le dernier. Joachim du Bellay est chargé de le rédiger : c'est la fameuse *Défense et illustration de la langue française*.

Les jeunes gens de la Brigade sont familiers des auteurs grecs et des auteurs latins. Il leur arrive même, et surtout à du Bellay, d'écrire des vers latins. Mais ils pensent que le français est capable de produire des chefs-d'œuvre qui égaleraient ceux des Anciens. Il faut imiter les Anciens et écrire en français. Il faut tourner le dos à la poésie de Marot et des grands rhétoriqueurs et enrichir notre langue par des néologismes et des mots composés. Du Bellay et ses amis prêchent l'imitation et rejettent la servitude. Ils parlent de « la fureur divine » qui est nécessaire au poète. « Je me vante, écrit du Bellay, d'avoir inventé ce que j'ai mot à mot traduit des autres. » Ce que rédige, en vérité, au nom de tout le groupe, le jeune Joachim du Bellay, c'est une introduction à la littérature, des conseils à un jeune poète. Conseils hautains un peu confus, un peu contradictoires et qu'il ne suivra guère, mais pleins de ferveur et de vie.

Quand du Bellay s'éprend de Mlle Viole, ou de Viole, il lui consacre un recueil de vers qu'il intitule *L'Olive* – anagramme de Viole. Ce qu'il y a d'intéressant dans cette Mlle de Viole dont nous parlent avec émotion le vieux Faguet et le bon Lanson qui copient évidemment l'un sur l'autre, c'est qu'elle a probablement été inventée. Il faut sacrifier à la vérité et indiquer ici que la plupart des historiens mettent aujourd'hui en doute jusqu'à son existence. Dédié à Marguerite de France, sœur de Henri II, ce recueil où les beaux vers ne manquent pas marque en tout cas, après Marot, l'entrée en fanfare du sonnet dans la littérature française.

> *Déjà la nuit en son parc amassait*
> *Un grand troupeau d'étoiles vagabondes*
> *Et pour entrer aux cavernes profondes,*
> *Fuyant le jour, ses noirs chevaux chassait.*

Son oncle, le cardinal Jean du Bellay, l'un des patrons du Collège de France créé par François Ier et protecteur de Rabelais, est nommé ambassadeur à Rome : il propose à son neveu Joachim de l'emmener comme secrétaire. C'est le début d'un exil de quatre ans qui commence dans l'enthousiasme :

> « *Je me ferai savant en la philosophie,*
> *En la mathématique et médecine aussi ;*
> *Je me ferai légiste et, d'un plus haut souci,*
> *Apprendrai les secrets de la théologie.*
>
> *Du luth et du pinceau, j'en ébattrai ma vie,*
> *De l'escrime et du bal !* » — *Je discourais ainsi*
> *Et me vantais en moi d'apprendre tout ceci*
> *Quand je changeai la France au séjour d'Italie.*

Du Bellay passe par Lyon où il rencontre non seulement Pontus de Tyard, le Lyonnais de la Pléiade, mais un poète qu'il admire, Maurice Scève, auteur de cette *Délie* scintillante et obscure que Thierry Maulnier mettait au-dessus de tout. Les premières impressions à Rome sont fortes et délicieuses. Il les exprimera dans ses *Antiquités de Rome*. Il se promène parmi les palais qui s'élèvent le long du Tibre et la beauté des lieux le transporte. Malgré ses propres préceptes dans *Défense et illustration de la langue française*, il chante la Ville éternelle en vers latins. Mais Rome ne tarde pas à le décevoir et il commence à s'ennuyer. Les Romains l'irritent et il se met à les cribler de traits où se révèle soudain un poète satirique :

> *Marcher d'un grave pas et d'un grave souci*
> *Et d'un grave souris à chacun faire fête,*
> *Balancer tous ses mots, répondre de la tête*
> *Avec un* Messer *non ou bien un* Messer *si ;*
>
> *Entremêler souvent un petit* è cosi
> *Et d'un son servitor* contrefaire l'honnête,
> *Et, comme si l'on eût sa part en la conquête,*
> *Discourir sur Florence et sur Naples aussi ;*

> *Seigneuriser chacun d'un baisement de main*
> *En suivant la façon d'un courtisan romain,*
> *Cacher sa pauvreté d'une brave apparence,*
>
> *Voilà de cette cour la plus grande vertu,*
> *D'où, souvent mal monté, mal sain et mal vêtu,*
> *Sans barbe et sans argent on s'en retourne en France.*

Beaucoup plus financières que littéraires ou diplomatiques, car il était surtout l'intendant du cardinal, ses obligations au palais Farnèse, puis au palais Saint-Georges et au palais de Thermes le lassent. Un charmant compagnon de diplomatie et de galère, Olivier de Magny, l'amant de Louise Labé, la Belle Cordière, l'aventureuse poétesse lyonnaise, ne suffit pas à l'arracher à la mélancolie — à laquelle il est sujet — et à la désillusion. Il pense à tous ceux qui lui manquent, à Ronsard, à sa chère princesse Marguerite, aux bords de la Loire. Pendant que Magny pousse ses *Soupirs*, il écrit ses *Regrets* :

> *Heureux qui comme Uysse a fait un beau voyage,*
> *Ou comme cestuy-là qui conquit la toison,*
> *Et puis est retourné, plein d'usage et raison,*
> *Vivre entre ses parents le reste de son âge !*
>
> *Quand revoirai-je, hélas, de mon petit village*
> *Fumer la cheminée ? et en quelle saison*
> *Revoirai-je le clos de ma pauvre maison*
> *Qui m'est une province, et beaucoup davantage ?*
>
> *Plus me plaist le séjour qu'ont basti mes ayeux*
> *Que des palais romains le front audacieux ;*
> *Plus que le marbre dur me plaist l'ardoise fine,*
>
> *Plus mon Loyre gaulois que le Tybre latin,*
> *Plus mon petit Liré que le mont Palatin*
> *Et plus que l'air marin la doulceur angevine.*

Ce qui éclaire peut-être le séjour romain de du Bellay, c'est le visage d'une femme, moins mythique que Mlle de Viole, qu'il chante en vers latins sous le nom de Faustine et qui s'appelait Colomba. Elle avait les yeux noirs, les cheveux noirs, des joues et des lèvres roses. Ils s'aimèrent furtivement. Il n'est pas impossible que la jalousie du mari ait hâté son départ de Rome. De retour à Paris par Venise, par la Suisse et par Lyon, du Bellay s'installe dans une petite maison du cloître Notre-Dame. Il a encore le temps de publier, outre les *Regrets* et les *Antiquités de Rome* qui se contredisent puisque les uns font l'éloge de Rome et que les autres l'attaquent, un certain nombre de poèmes dont les *Divers jeux rustiques* et *Le Poète courtisan*. Et, un 1er janvier, sourd, malade et reclus depuis longtemps dans sa chambre, il meurt à trente-sept ans.

C'était, nous l'avons vu, un bon poète satirique qui imite Juvénal au moins autant que Pétrarque. C'est aussi un très joli poète rustique et élégiaque. Il rappelle Ovide, puisqu'il est exilé comme l'auteur des *Tristes* et des *Pontiques*. Il rappelle aussi Catulle ou Properce, et Hugo et Baudelaire admiraient ce petit chef-d'œuvre :

D'UN VANNEUR DE BLÉ AUX VENTS

À vous, troupe légère,
Qui d'aile passagère
Par le monde volez
Et d'un sifflant murmure
L'ombrageuse verdure
Doucement ébranlez,

J'offre ces violettes,
Ces lys et ces fleurettes
Et ces roses ici,
Ces merveillettes roses
Tout fraîchement écloses,
Et ces œillets aussi.

> *De vostre doulce haleine*
> *Éventez cette plaine,*
> *Éventez ce séjour,*
> *Ce pendant que j'ahanne*
> *À mon blé que je vanne*
> *À la chaleur du jour.*

Quand il pense avec mélancolie à ses ambitions de jeunesse, il sait aussi, avec une ombre de génie, comme ces Anciens qu'il aimait tant malgré les préceptes rigoureux d'un manifeste oublié, chanter un peu plus haut – *paulo majora canamus* :

> *France, mère des arts, des armes et des lois,*
> *Tu m'as nourri longtemps du lait de ta mamelle :*
> *Ores, comme un enfant qui sa nourrice appelle,*
> *Je remplis de ton nom les antres et les bois.*
>
> *Si tu m'as pour enfant avoué quelquefois,*
> *Que ne me réponds-tu maintenant, ô cruelle ?*
> *France, France, réponds à ma triste querelle :*
> *Mais nul, sinon Écho, ne répond à ma voix.*
>
> *Entre les loups cruels j'erre parmi la plaine,*
> *Je sens venir l'hiver de qui la froide haleine*
> *D'une tremblante horreur fait hérisser ma peau.*
>
> *Las ! tes autres agneaux n'ont faute de pasture ;*
> *Ils ne craignent le loup, le vent ni la froidure :*
> *Si ne suis-je pourtant le pire du troupeau.*

Non, bien sûr, il n'est pas le pire du troupeau. Écoutons, pour finir, un des plus beaux poèmes de cette langue qu'il défend et illustre :

> *Las ! où est maintenant ce mépris de Fortune ?*
> *Où est ce cœur vainqueur de toute adversité,*
> *Cet honnette désir de l'immortalité*
> *Et cette honnette flamme au peuple non commune ?*

Où sont ces doulx plaisirs qu'au soir soubs la nuit brune
Les muses me donnoient alors qu'en liberté
Dessus le verd tapis d'un rivage écarté,
Je les menois danser aux rayons de la lune ?

Maintenant la Fortune est maistresse de moy
Et mon cœur qui souloit estre maistre de soy
Est serf de mille maux et regrets qui m'ennuyent.

De ma postérité je n'ay plus de souci.
Ceste divine ardeur, je ne l'ay plus aussi,
Et les Muses de moy, comme estranges, s'enfuyent.

Biographie

1522. Naissance au château de Turmelière (Maine-et-Loire).
Vers 1545. *Études de droit à Poitiers.*
Vers 1547. *Première rencontre avec Ronsard. Étudie auprès de Dorat.*
1549. Défense et illustration de la langue française. *Première édition de* L'Olive *(sonnets en l'honneur de Mlle de Viole).* Les Vers lyriques. *Le* Recueil de poésie.
1550. Deuxième édition de L'Olive. *Grave maladie.*
*1552. Traduction du quatrième livre de l'*Énéide. Les Inventions. La Complainte du désespéré.
1553. Part pour Rome, au service du cardinal Jean du Bellay.
1557. Retour d'Italie.
1558. Les Antiquités de Rome. Poemata *(vers latins).* Les Regrets. Divers jeux rustiques.
1559. La Nouvelle Manière de faire son profit des lettres. Le Poète courtisan. Discours au roy.
1ᵉʳ **janvier 1560.** *Mort de Joachim du Bellay. Enseveli dans le cœur de l'église Notre-Dame.*

Œuvres

1549. Défense et illustration de la langue française
 L'Olive *(première édition)*
 Les Vers lyriques
 Recueil de poésie

1550. L'Olive *(deuxième édition)*

1552. Énéide *(traduction du quatrième livre)*
 Les Inventions
 La Complainte du désespéré

1558. Les Antiquités de Rome
 Poemata *(vers latins)*
 Les Regrets
 Divers jeux rustiques

1559. La Nouvelle Manière de faire son profit des lettres
 Le Poète courtisan
 Discours au roy

Extraits choisis

Joachim du Bellay vivait avec ses amis de la Pléiade, dont l'ambition était de faire naître une nouvelle poésie et de donner à la langue française la même dignité qu'aux langues antiques et à l'italien. Ainsi fut rédigé le premier manifeste de notre littérature intitulé Défense et illustration de la langue française.

En dépit de ce manifeste, Joachim du Bellay produit deux recueils en langue latine. Et alors qu'il préconise les grands genres empruntés aux anciens, il se contente du sonnet italien dans lequel il excelle à exprimer ses sentiments intimes les plus profonds.

C'est le cas notamment de L'Olive *où du Bellay emprunte non seulement la forme (le sonnet) à Pétrarque mais aussi les thèmes, jusqu'au nom de la muse,* Olive *(olivier), qui rappelle la* Laure *(laurier) de Pétrarque. Là, le poète loue sa maîtresse à grand renfort de mythologie, de comparaisons et de termes emphatiques et finit par s'élever à une haute conception de l'amour platonique qui « n'a pas de nom au terrestre séjour ».*

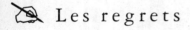 Les regrets

LXXXIV

NOUS NE FAISONS LA COURT AUX FILLES DE MEMOIRE,
Comme vous qui vivez libres de passion :
Si vous ne sçavez donc nostre occupation,
Ces dix vers ensuivans vous la feront notoire :

Suivre son Cardinal au Pape, au Consistoire,
En Capelle, en Visite, en Congregation,
Et pour l'honneur d'un Prince, ou d'une nation,
De quelque ambassadeur accompagner la gloire :

Estre en son rang de garde aupres de son seigneur,
Et faire aux survenans l'accoustumé honneur,
Parler du bruit qui court, faire de l'habile homme :

Se pourmener en housse, aller voir d'huis en huis
La Marthe, ou la Victoire, et s'engager aux Juifz :
Voilà, mes compagnons, les passetemps de Rome.

LXXXV

FLATTER UN CREDITEUR, POUR SON TERME ALLONGER,
Courtiser un banquier, donner bonne esperance,
Ne suivre en son parler la liberté de France,
Et pour respondre un mot, un quart d'heure y songer :

Ne gaster sa santé par trop boire et manger,
Ne faire sans propos une folle despense,
Ne dire à tous venans tout cela que lon pense,
Et d'un maigre discours gouverner l'estranger :

Cognoistre les humeurs, cognoistre qui demande,
Et d'autant que lon a la liberté plus grande,
D'autant plus se garder que lon ne soit repris :

Vivre aveques chascun, de chascun faire compte :
Voila, mon cher Morel (dont je rougis de honte)
Tout le bien qu'en trois ans à Rome j'ay appris.

LXXXVI

MARCHER D'UN GRAVE PAS, ET D'UN GRAVE SOURCI,
Et d'un grave soubriz à chascun faire feste,
Balancer tous ses mots, respondre de la teste,
Avec un Messer non, ou bien un Messer si :

Entremesler souvent un petit, É cosi ;
Et d'un son Servitor' contrefaire l'honneste :
Et, comme si lon eust sa part en la conqueste,
Discourir sur Florence, et sur Naples aussi :

Seigneuriser chascun d'un baisement de main,
Et suivant la façon du courtisan Romain,
Cacher sa pauvreté d'une brave apparence :

Voila de ceste Court la plus grande vertu,
Dont souvent mal monté, mal sain, et mal vestu,
Sans barbe et sans argent on s'en retourne en France.

CXIII

SI NOSTRE VIE EST MOINS QU'UNE JOURNÉE
En l'éternel, si l'an qui faict le tour
Chasse noz jours sans espoir de retour,
Si perissable est toute chose née,

Que songes-tu mon ame emprisonnée ?
Pourquoy te plaist l'obscur de nostre jour,
Si pour voler en un plus cler sejour,
Tu as au dos l'aele bien empanée ?

La est le bien que tout esprit desire,
La, le repos où tout le monde aspire,
La est l'amour, la, le plaisir encor.

La, ô mon ame, au plus hault ciel guidée,
Tu y pourras recongnoistre l'Idée
De la beauté, qu'en ce monde j'adore.

D'amplifier la langue françoise par l'imitation des anciens auteurs grecs et romains

VIII

SE COMPOSE DONCQ'CELUY QUI VOUDRA ENRICHIR SA LANGUE, à l'imitation des meilleurs auteurs grecs et latins ; et à toutes leurs plus grandes vertus, comme à un certain but, dirige la pointe de son stile ; car il n'y a point de doute, que la plus grand'part de l'artifice ne soit contenue en l'imitation : et tout ainsi que ce fut le plus louable aux anciens de bien inventer, aussi est-ce le plus utile de bien imiter, mesme à ceux dont la langue n'est encore bien copieuse et riche. Mais entende celuy qui voudra imiter, que ce n'est chose facile que de bien suivre les vertus d'un bon auteur, et quasi comme se transformer en luy, veu que la nature mesme, aux choses qui paroissent très semblables, n'a sceu tant faire, que par quelque note et difference elles ne puissent estre discernées. Je dy cecy pource qu'il y en a beaucoup en toutes langues qui, sans penetrer aux plus cachées et interieures parties de l'auteur qu'ils se sont proposé, s'adaptent seulement au premier regard, et s'amusant à la beauté des mots, perdent la force des choses. Et certes, comme ce n'est point chose vicieuse, mais grandement louable, emprunter d'une langue estrangere les sentences et les mots, et les approprier à la sienne : aussi est-ce chose grandement à reprendre, voire odieuse à tout lecteur de liberale nature, voir en une mesme langue une telle imitation, comme celle d'aucuns sçavans mesmes, qui s'estiment estre des meilleurs quand plus ils ressemblent un Heroët ou un Marot. Je t'amoneste doncques (ô toi qui désires l'accroissement de ta langue et veux exceller en icelle) de non imiter à pied levé, comme nagueres a dit quelqu'un, les plus fameux auteurs d'icelle, ainsi que font ordinairement la plus part de nos poëtes françois, chose certes autant vicieuse comme de nul profit à nostre vulgaire : veu que ce n'est autre chose (ô grande liberalité !) sinon de luy donner ce qui estoit à luy. Je voudroy bien que nostre langue fust si riche d'exemples domestiques, que n'eussions besoin d'avoir recours aux estrangers. Mais si Virgile et Ciceron se fussent contentez d'imiter ceux de leur langue, qu'auroient les Latins, outre Ennie ou Lucrece, outre Crasse ou Antoine ?

Défense et illustration de la langue française, Livre I, chap. VIII

Ronsard
(1524-1585)

La musique du sourd

Je n'avais pas douze ans qu'au profond des vallées,
Dans les hautes forêts, des hommes reculées,
Dans les antres secrets, de frayeur tout couverts,
Sans avoir soin de rien, je composais des vers.

Né au ravissant château de la Possonnière, en Vendômois, parent de la reine Élisabeth d'Angleterre et du chevalier Bayard, entré très tôt comme page au service des dauphins et des princesses royales, très adroit à l'escrime et à l'équitation, Pierre de Ronsard aurait pu devenir un jeune homme séduisant et futile, partageant son temps entre la cour, le cheval et une poésie d'amateur, si un malheur, comme souvent, n'était venu à son secours : à dix-sept ans, il devient sourd. L'infirmité le jettera dans les livres, dans le culte des lettres, dans un travail acharné, et c'est un sourd qui donnera à notre langue quelques-unes de ses sonorités les plus harmonieuses et de ses notes les plus pures.

Il doit renoncer à la diplomatie et aux armes et reçoit la tonsure, sans pourtant devenir prêtre. Il décide de transférer « l'office des oreilles aux yeux par la lecture de bons livres, et de se mettre à l'étude ». Il étudie le latin et le grec — mais il ne connaîtra jamais ni la Grèce ni l'Italie dont il a tant rêvé — et, au collège de Coqueret, derrière Sainte-Barbe, sur la montagne Sainte-Geneviève, il suit avec son ami Baïf, fils de l'ambassadeur de François Ier à Venise, les cours de l'helléniste Dorat. Autour d'eux et de du Bellay se constitue un groupe de jeunes poètes qui prennent le nom de « Brigade ». Ils se retrouvent régulièrement. Ils se nourrissent de textes anciens et mènent une vie inimitable. En avril 1549 paraît, sous la signature de du Bellay, la célèbre *Défense et illustration de la langue française* qui constitue comme le manifeste du groupe. Un jour très chaud de juillet de la même année, ils vont à la campagne et, ivres de soleil et de vin, composent des poèmes bachiques. C'est le célèbre et « folastrissime voyage d'Arcueil ». Quelques années plus tard, de la « Brigade » sortira la « Pléiade ».

Un an, presque jour pour jour, après la parution de *Défense et illustration de la langue française*, les *Quatre Premiers Livres des Odes*, bientôt suivis d'un *Cinquième*, hissent d'un seul coup Ronsard au premier rang des poètes de l'époque. Imitées de Pindare, d'Anacréon, d'Horace, parfois composées de triades, divisées elles-mêmes en strophes, antistrophes et épodes, les *Odes* chantent, sur le mode rustique, la nature, les grottes, les arbres et, sur le mode épicurien, les plaisirs de la vie :

> [...]
> *Il est temps que je m'ébatte*
> *Et que j'aille aux champs jouer.*
> *Bons dieux ! qui voudrait louer*
> *Ceux qui, collés sur un livre,*
> *N'ont jamais souci de vivre !*
>
> *Que nous sert l'étudier*
> *Sinon de nous ennuyer ?*
> *Corydon, marche devant,*
> *Sache où le bon vin se vend,*
> *Fais rafraîchir la bouteille.*
> *Cherche une feuilleuse treille*
> *Et des fleurs pour me coucher*
> [...]
>
> *Versons ces roses en ce vin,*
> *En ce bon vin versons ces roses,*

> *Et buvons l'un à l'autre afin*
> *Qu'au cœur nos tristesses encloses*
> *Prennent en buvant quelque fin.*

À côté de ces pièces à la façon d'Horace, les *Odes* pindariques sont souvent chargées d'invocations grandiloquentes et même d'une mythologie obscure et pesante qui lui sera reprochée, d'abord par les poètes contemporains, jaloux de sa gloire naissante, comme Mellin de Saint-Gelais, puis, plus tard, par les créateurs de notre langue : « M. de Malherbe, écrit Racan, avait effacé plus de la moitié de son Ronsard et en notait en marge les raisons. » Et Boileau s'irrite d'entendre « sa muse en français parlant grec et latin ».

Pourquoi Malherbe rature-t-il rageusement son Ronsard et pourquoi Boileau en veut-il au poète des *Odes*,

> *Cet orgueilleux génie trébuché de si haut ?*

Parce que l'un et l'autre se battent pour une langue plus pure. Ils reprochent au Ronsard des *Odes* ses emprunts perpétuels aux langues mortes, ses mots composés et francisés, son abus de la mythologie classique, son « faste pédantesque », son asservissement à Pindare et à Pétrarque. La langue classique, après Malherbe et avec Boileau, se détournera du Ronsard érudit et pétrarquisant pour aller vers plus d'indépendance, de liberté et de simplicité naturelle. Par un étrange paradoxe, il faudra attendre les romantiques, ennemis pourtant de la mythologie classique et de toute imitation, pour que justice soit rendue à Ronsard qui a tant imité les maîtres de la mythologie. Sainte-Beuve lui consacre de belles pages dans son *Tableau de la poésie française au XVIe siècle*, et même un joli sonnet :

> *Qu'on dise : « Il osa trop », mais l'audace était belle*
> *Et de moins grands que lui auront plus de bonheur.*

Pendant les deux siècles où règne un classicisme qu'il prépare et annonce de loin, mais que Malherbe et Boileau annexent et lui subtilisent, Ronsard est critiqué, dédaigné, et pour ainsi dire oublié. Dernier grand prêtre du classicisme, Voltaire, qui en matière de poésie est un tout petit garçon au regard de Ronsard, ne mâche pas ses mots : « Ronsard gâta la langue en transportant dans la poésie française les composés grecs dont se servaient les philosophes et les médecins. [...] Personne en France n'eut plus de réputation de son temps que Ronsard. C'est qu'on était barbare dans le temps de Ronsard. »

La gloire, pourtant, en son temps, ne va plus lâcher Ronsard, qui devient non seulement le prince des poètes, mais le poète du roi. Les *Hymnes*, les *Élégies*, le *Discours des misères de ce temps*, les *Remontrances au peuple de France* annoncent déjà non seulement Guillaume du Bartas, l'auteur de *La Sepmaine ou La Création du monde*, et Agrippa d'Aubigné, le grand poète épique et protestant des *Tragiques* – ses adversaires politiques, ses ennemis religieux, ses disciples en poésie –, mais l'éloquence de Hugo. Il se lance dans l'épopée avec *La Franciade*, poème inachevé en décasyllabes, aujourd'hui illisible, et dont l'échec l'éprouve. La dureté des temps le contraint à se jeter dans les querelles des guerres de Religion. Dans le camp des catholiques, il prêche la tolérance :

> *Car Christ n'est pas un Dieu de noise ou de discorde.*
> *Christ n'est que charité, qu'amour et que concorde.*

Mais ce qui va donner à Ronsard, déchiré entre sa gaieté naturelle et ses réminiscences mythologiques, entre l'érudition et son goût épicurien de la bonne chère et du vin, sa place inimitable au premier rang de nos poètes, c'est l'amour. Les manuels classiques de la littérature dont se servaient nos grands-pères distinguaient dans l'œuvre de Ronsard les « grands genres » – les *Odes*, *La Franciade*, les *Discours* – et les « petits genres » – les *Amours*, les sonnets, les poèmes. Ce sont les petits genres qui font la grandeur de Ronsard.

Trois noms de femmes brillent d'un éclat incomparable dans le ciel des amours de Ronsard : Cassandre, Marie, Hélène. Ronsard a vingt ans lorsque, dans un bal de la cour à Blois, il aperçoit, en train de danser un branle de Bourgogne, la fille d'un banquier italien qui porte le nom de Cassandre Salviati. C'est une enfant : elle a treize ans. Il a à peine le temps de la voir — la cour quitte Blois le surlendemain — et la foudre le frappe. « Il n'eut moyen, écrit un contemporain, que de la voir, de l'aimer et de la laisser à même instant. » L'année d'après, à quatorze ans, Cassandre épouse un seigneur de Pré ou de Pray, mais la vision radieuse et le nom antique peuplent les rêves platoniques de l'étudiant de Coqueret qui lui consacre un recueil de sonnets et des poèmes épars, tout imprégnés encore de pétrarquisme, puisque Cassandre est à Ronsard ce que Laure était à Pétrarque :

> *Mignonne, allons voir si la rose*
> *Qui ce matin avait déclose*
> *Sa robe de pourpre au soleil*
> *À point perdu cette vesprée*
> *Les plis de sa robe pourprée*
> *Et son teint au vostre pareil.*

Et, à la fois plus simple et plus intellectuel :

> *Je veux lire en trois jours l'*Iliade *d'Homère*
> *Et pour ce, Corydon, ferme bien l'huis sur moi*
> *[...]*
> *Mais si quelqu'un venait de la part de Cassandre,*
> *Ouvre-lui tost la porte et ne le fais attendre...*

À Cassandre, dix ans plus tard, succède une simple paysanne de Bourgueil, une « fleur angevine de quinze ans » : Marie Dupin, ou du Pin. Il semble que Ronsard ait vraiment aimé Marie et qu'il ait souffert de son mariage avec un gentilhomme. Les sonnets qu'il lui consacre sont plus simples, plus naturels et sans doute plus sincères que les poèmes à Cassandre. Le lyrisme familier, qu'on appellera « le beau style bas », renonce à toute emphase et à toute obscurité. Et pour exprimer ses sentiments, Ronsard, qui garde la forme du sonnet, abandonne le vers de huit ou dix pieds pour les douze pieds de l'alexandrin, qui tire son nom du *Roman d'Alexandre*, long poème de la fin du XIIe siècle et qui est destiné à un bel avenir.

Marie fut-elle, pour Pierre, plus accessible que Cassandre, éternelle fugitive ? Sauf les menues privautés, que ne dédaignait pas le poète, ces « bonnes manières que la rusticité tolère », selon la formule de Gustave Cohen, c'est au moins douteux. Il faut d'ailleurs noter qu'à Marie l'Angevine se superpose, moins familière, plus solennelle et lointaine, l'image de Marie de Clèves, maîtresse de Henri III, qui vient de disparaître, et que Ronsard, dans ses plaintes, confond avec Marie Dupin dont il déplore la mort :

Comme on voit sur la branche, au mois de mai, la rose,
En sa belle jeunesse, en sa première fleur,
Rendre le ciel jaloux de sa vive couleur
Quand l'aube, de ses pleurs, au point du jour l'arrose ;

La grâce dans sa feuille et l'amour se repose,
Embaumant les jardins et les arbres d'odeur ;
Mais, battue ou de pluie ou d'excessive ardeur,
Languissante, elle meurt, feuille à feuille déclose ;

Ainsi en ta première et jeune nouveauté,
Quand la terre et le ciel honoraient ta beauté,
La Parque t'a tuée, et cendre tu reposes.

Pour obsèques reçois mes larmes et mes pleurs,
Ce vase plein de lait, ce panier plein de fleurs,
Afin que, vif et mort, ton corps ne soit que roses.

Ronsard a une cinquantaine d'années, ou peut-être un peu moins, l'âge des barbons de Molière, quand il tombe sur une des filles qui constituent, à la cour de Catherine de Médicis, l'escadron volant de la reine. Elle s'appelle Hélène de Surgères, elle a perdu dans la guerre civile le capitaine aux gardes Jacques de la Rivière dont elle était éprise, elle est désespérée et aussi remarquable par son esprit et sa beauté que par sa vertu. La reine invite le poète à consoler la jeune femme et à la célébrer dans ses sonnets.

Ronsard la chante d'abord « par ordre ». Son style retrouve la veine pétrarquisante des *Amours de Cassandre* qui est justement en train de revenir à la mode dans le cercle de la cour. Et puis, peu à peu, en dépit de la différence d'âge et de l'extrême réserve d'Hélène, Ronsard se met à nouveau à éprouver pour la jeune femme un sentiment sincère qui ressemble à l'amour. Réussira-t-il, cette fois, au déclin de sa vie, à emporter la place ? Elle l'écoute dans le jardin des Tuileries ou dans les galeries du Louvre d'où elle découvre, au loin, « Montmartre et les champs d'alentour ». Ils échangent quelques serments, elle accueille des déclarations enflammées, audacieuses, sensuelles :

> *Ne viendra point le temps que dessous les rameaux,*
> *Au matin où l'aurore éveille toutes choses,*
> *En un ciel bleu tranquille, au caquet des oiseaux,*
> *Je vous puisse baiser à lèvres demi-closes*
> *Et vous conter mon mal et, de mes bras jumeaux,*
> *Embrasser à souhait votre ivoire et vos roses ?*

Hélène hésite encore. Ronsard, pour la convaincre, reprend avec éclat le thème antique du « *Carpe diem* », cher à Horace et à Anacréon :

> *Quand vous serez bien vieille, au soir, à la chandelle,*
> *Assise auprès du feu, dévidant et filant,*
> *Direz, chantant mes vers, en vous émerveillant :*
> *« Ronsard me célébrait du temps que j'étais belle ! »*

> *Lors, vous n'aurez servante oyant telle nouvelle,*
> *Déjà sous le labeur à demi sommeillant,*
> *Qui au bruit de mon nom ne s'aille réveillant,*
> *Bénissant votre nom de louange immortelle.*
>
> *Je serai sous la terre et, fantôme sans os,*
> *Par les ombres myrteux je prendrai mon repos ;*
> *Vous serez au foyer une vieille accroupie,*
>
> *Regrettant mon amour et votre fier dédain.*
> *Vivez, si m'en croyez, n'attendez à demain :*
> *Cueillez dès aujourd'hui les roses de la vie.*

Ces sonnets d'amour que tout le monde connaît suffiraient à assurer à Ronsard une place de premier rang dans notre littérature. Mais le poète de Cassandre, de Marie et d'Hélène sait chanter aussi autre chose que ses amours. Quand la mythologie et le passé ne l'étouffent pas, il trouve des accents d'une grande simplicité où passe un souffle puissant. Et quand, la vie écoulée, les femmes évanouies, tous les honneurs cueillis, s'annonce enfin la mort, il la salue en des vers aussi beaux que ceux qui célébraient ses amours :

> *Mon corps s'en va descendre où tout se désassemble*
> *[...]*
> *Adieu, chers compagnons, adieu, mes chers amis,*
> *Je m'en vais le premier vous préparer la place.*
>
> *Il faut laisser maisons et vergers et jardins,*
> *Vaisselles et vaisseaux que l'artisan burine*
> *Et chanter son obsèque en la façon du cygne*
> *Qui chante son trépas sur les bords méandrins.*
>
> *C'est fait, j'ai dévidé le cours de mes destins,*
> *J'ai vécu, j'ai rendu mon nom assez insigne :*
> *Ma plume vole au ciel pour être quelque signe*
> *Loin des appas mondains qui trompent les plus fins.*

*Heureux qui ne fut onc, plus heureux qui retourne
En rien comme il était, plus heureux qui séjourne,
D'homme fait nouvel ange, auprès de Jésus-Christ,*

*Laissant pourrir çà-bas sa dépouille de boue
Dont le sort, la fortune et le destin se joue,
Franc des liens du corps pour n'estre qu'un esprit !*

Biographie

Septembre 1524. Naissance en Vendomois.
1533. Au Collège de Navarre pendant six mois.
1536. Page du dauphin François. Page de Charles, duc d'Orléans.
1537. Suit Madeleine de France mariée à Jacques V en Écosse.
1540. Voyage en Allemagne avec Lazare de Baïf. Devient sourd. Se remet à l'étude auprès de Dorat (1508-1588).
1543. Tonsuré au Mans par l'archevêque René du Bellay.
1549. Formation de la Pléiade par sept amis poètes.
1550-1552. Odes — quatre premiers livres — (imitées de Pindare et d'Horace). Le Bocage.
1552. Les Amours de Cassandre. Cinquième livre des Odes.
1554. Deuxième Bocage. Meslanges.
1555. Rencontre Marie Dupin. Continuation des amours.
1555-1556. Hymnes.
1556. Nouvelle continuation des amours.
1559. Conseiller et aumônier du roi.
1560. Églogues (1560-1564-1567). Première édition collective des Œuvres.
1562-1563. Les Discours.
1563. Réponse de Pierre de Ronsard aux injures et calomnies de je ne sais quels prédicantereaux et ministreaux de Genève.
1565. Participe au voyage de Charles IX à travers le royaume. Élégies, Mascarades et Bergerie. Abbrégé de l'art poétique françois.
1572. La Franciade *(inachevé).*
1578. Les Amours d'Hélène. Cinquième édition collective des Œuvres.
27 décembre 1585. Meurt à Saint-Cosme-en-l'Isle.

Œuvres

1551-1552. Odes *(quatre premiers livres)*
Le Bocage
1552. Les Amours de Cassandre
Odes *(cinquième livre)*
1554. Deuxième Bocage
Meslanges
1555. Continuation des amours
1555-1556. Hymnes
1560. Églogues
Œuvres *(première édition collective)*
1562-1563. Discours des misères de ce temps
1563. Réponse de Pierre de Ronsard aux injures et calomnies de je ne sais quels prédicantereaux et ministreaux de Genève
1565. Élégies, Mascarades et Bergerie
Abbrégé de l'art poétique françois
1578. Les Amours d'Hélène
Œuvres *(cinquième édition collective)*

Extraits choisis

D'abord imitateur des anciens sous l'influence du groupe de la Brigade rebaptisé en Pléiade, Ronsard, surnommé « prince des poètes », se distingue très vite dans la poésie amoureuse à travers son amour pour trois femmes : Cassandre (Salviati), Marie (Dupin) et Hélène (de Surgères).

Odes

POURQUOI, CHÉTIF LABOUREUR,
Trembles-tu d'un empereur
Qui doit bientôt, légère ombre,
Des morts accroître le nombre ?
Ne sais-tu qu'à tout un chacun
Le port d'Enfer est commun,
Et qu'une âme impériale
Aussitôt là-bas dévale
Dans le bateau de Charon
Que l'âme d'un bûcheron ?

Courage, coupeur de terre !
Ces grands foudres de la guerre
Non plus que toi n'iront pas
Armés d'un plastron là-bas,
Comme ils allaient aux batailles :
Autant leur vaudront leurs mailles,
Leurs lances et leur estoc,
Comme à toi vaudra ton soc.

Le bon juge Rhadamante
Assuré ne s'épouvante
Non plus de voir un harnois
Là-bas qu'un levier de bois,
Ou voir une souquenie
Qu'une cape bien garnie,
Ou qu'un riche accoutrement
D'un roi mort pompeusement.

***

À CASSANDRE

Ô pucelle plus tendre
Qu'un beau bouton vermeil,
Que le rosier engendre
Au lever du Soleil,
Et se fait au matin
Tout l'honneur du jardin ;
    Plus fort que le lhyerre
Qui se gripe à l'entour
Du chesne aimé qu'il serre
Enlassé de maint tour,
Courbant ses bras espars
Sus luy de toutes parts,
    Serrez mon col, maistresse,
De vos deus braz pliez,
D'un nœud qui fort me presse
Doucement me liez
un baiser mutuel
Nous soit perpetuel.
    Ny le temps, ny l'envie
D'autre amour desirer,
Ne pourra point ma vie
De vos lévres tirer ;
Ains serrez demourrons,
Et baisant nous mourrons.
    Tous deux morts en mesme heure
Voirrons le lac fangeux,
Et l'obscure demeure
De Pluton l'outrageux,
Et les champs ordonnez
Aux amans fortunez.
    Amour par les fleurettes
Du printemps eternel
Voirra noz amourettes
Sous le bois maternel ;
Là nous sçaurons combien
Les amans ont de bien.

Le long des belles plaines
Et parmy les prez vers,
Les rives sonnent pleines
De maints accords divers ;
L'un jouë, et l'autre au son
Danse d'une chanson.
　　　Là le beau Ciel descœuvre
Tousjours un front benin ;
Sur les fleurs la couleuvre
Ne vomit son venin,
Et tousjours les oiseaux
Chantent sur les rameaux.
　　　Tousjours les vents y sonnent
Je ne sçay quoy de doux,
Et les Lauriers y donnent
Toujours des ombres moux ;
Tousjours les belles fleurs
Y gardent leurs couleurs.
　　　Parmy le grand espace
De ce verger heureux
Nous aurons tous deux place
Entre les amoureux,
Et comme eux sans souci
Nous aimerons aussi.
　　　Nulle Dame ancienne
Ne se despitera,
Quand de la place sienne
Pour nous deux s'ostera,
Non celle dont les yeux
Ont surnommé les Dieux.

Amours

DEMANDES-TU, CHÈRE MARIE,
　　Quelle est pour toi ma pauvre vie ?
　　Je jure par tes yeux qu'elle est
　　Telle qu'ordonner te la plaît :
Pauvre, chétive, langoureuse,
Dolente, triste, malheureuse,

Et tout le mal qui vient d'amour,
Ne m'abandonne nuit ni jour !
Après demandes-tu, Marie,
Quels compagnons qu'il te plaît :
Ennui, travail, peine, tristesse,
Larmes, soupirs, sanglots, détresse,
Et tout le mal qui vient d'amour
Ne m'abandonne nuit ni jour !
Voilà comment pour toi, Marie,
Je traîne ma chétive vie,
Heureux du mal que je reçois
Pour t'aimer cent fois plus que moi.

***

ADIEU, BELLE CASSANDRE, ET VOUS, BELLE MARIE,
Pour qui je fus trois ans en servage à Bourgueil :
L'une vit, l'autre est morte, et ores de son œil
Le Ciel se réjouit, dont la terre est marrie.

Sur mon premier avril, d'une amoureuse envie
J'adorai vos beautés ; mais votre fier orgueil
Ne s'amollit jamais pour larmes ni pour deuil,
Tant d'une gauche main la Parque ourdit ma vie.

Maintenant en automne encore malheureux,
Je vis comme au printemps, de nature amoureux,
Afin que tout mon âge aille au gré de la peine.

Ores que je dusse être affranchi du harnois,
Mon maître Amour m'envoie à grands coups de carquois,
Rassiéger Ilion pour conquérir Hélène.

Montaigne
(1533-1592)

Tours et détours de la nature et de la tolérance

Montaigne vit dans un des temps les plus troublés de l'histoire de France : les guerres de Religion. Il se situe entre Blaise de Monluc, catholique farouche dont la devise était : « Dieu pour guide, le fer pour compagnon », auteur de *Commentaires* pleins de massacres et de feu, appelés par Henri IV « la bible du soldat », et Agrippa d'Aubigné, protestant convaincu, le plus violent de nos poètes, auteur des *Tragiques* où passe, en alexandrins, un cortège interminable d'incendies et de viols. Entre ces deux extrêmes, Montaigne incarne la tolérance. Il est aidé dans ce choix raisonnable par un caractère où dominent la nonchalance et le goût de la tranquillité.

La curiosité, aussi. Juif par sa mère, Montaigne aime le calme, mais tout autant le savoir. Il naît l'année même où triomphe le *Pantagruel* de Rabelais, bréviaire du nouvel humanisme (1533). Confié par son père à un précepteur allemand du nom de Horstanus qui ne connaît pas le français, il est élevé en latin. Il apprendra plus tard, comme une langue étrangère, le français dont François Ier, nous le savons déjà, venait de rendre l'usage obligatoire dans les actes publics.

Devenu conseiller au parlement de Bordeaux, il y fait la connaissance d'Étienne de La Boétie à qui le lie une ardente amitié et qui devait mourir à trente-trois ans. Il s'installe dans la « librairie » de son château de Montaigne pour y lire et écrire. Il ne peut pas échapper complètement aux remous extérieurs. Il se rend à Paris et, plus longuement, à Bordeaux qui l'a choisi pour maire. Il entreprend surtout un long voyage de santé où il prend les eaux de Plombières et de Baden et qui le mène jusqu'à Rome. Mais pendant vingt années, l'essentiel de son activité consiste à rédiger ses *Essais*.

Comme Saint-Simon ou comme Proust, Montaigne est l'homme d'un seul livre. Il se confond avec lui. Il dit lui-même de son ouvrage qu'il est « consubstantiel à son auteur. Qui touche l'un touche l'autre ». Il ne cesse de le reprendre, de le corriger, de l'augmenter. Quelque mille pages en vingt ans – soit cinquante pages par an : une page environ par semaine. Voilà comment s'écrit un chef-d'œuvre qui traverse les siècles.

Le thème du livre, c'est la nature de l'homme. Ce n'est pas que l'auteur en ait une haute opinion : « La plus calamiteuse et fragile de toutes les créatures, c'est l'homme. » L'homme, à beaucoup d'égards, est inférieur aux animaux. Mais enfin, cette condition humaine, c'est la nôtre et, dans les livres, dans le monde et en lui-même, Montaigne part à sa recherche.

Les livres, et surtout ceux des Anciens pour qui il a un culte, sont une source inépuisable pour Montaigne, insatiable lecteur. Caton et Tite-Live, Tacite et saint Augustin lui sont constamment présents. Au point que les *Essais* peuvent passer aussi pour un recueil de citations commentées. Les contemporains eux-mêmes ne manquent pas à l'appel : les noms de Ronsard, de du Bellay ou de Rabelais apparaissent dans les *Essais*.

Le monde extérieur tout entier lui est aussi le meilleur des maîtres. À la différence de Rabelais, il n'attend pas tout des études ni de ces matières inutiles qu'on impose aux enfants. Son enseignement, c'est d'abord dans la vie qu'il le trouve. Et il attend peut-être plus des exercices physiques, de la course, de la lutte, de l'équitation ou de l'escrime que du rabâchage scolaire. Il va assez loin sur ce chemin-là et dans la préférence qu'il donne aux gens simples sur les savants et les doctes : « Tenons d'ores en avant école de bêtise. »

Mais le vrai maître de l'auteur des *Essais*, c'est lui-même, non pas tant par égoïsme ni par suffisance, mais parce que « chaque homme porte la forme entière de l'humaine condition ». Les *Essais* annoncent déjà l'apostrophe de Hugo à son lecteur : « Insensé qui crois que je ne suis pas toi ! » et la célèbre conclusion des *Mots* de Jean-Paul Sartre : « Tout un homme, fait de tous les hommes et qui les vaut tous et que vaut n'importe qui. » À Pascal qui tempête : « Le sot projet qu'il a de se peindre ! », Voltaire répond : « Le charmant projet que Montaigne a eu de se peindre naïvement comme il l'a fait, car il a peint la nature humaine. »

Ce qui distingue les hommes des animaux, souvent bien mieux armés pour la vie, c'est qu'à la différence de l'animal l'homme n'a pas de loi : « Certes, c'est un sujet merveilleusement vain, divers et ondoyant, que l'homme. » Ce qu'est d'abord l'homme, c'est une incertitude fondamentale. De cette incertitude naît le refrain auquel on réduit trop souvent la philosophie de Montaigne : « Que sais-je ? »

Nourri sans doute par la lecture des *Hypotyposes* (ou « esquisses ») *pyrrhoniennes* du sceptique grec Sextus Empiricus et de quelques autres, le scepticisme de Montaigne a fait couler des flots d'encre. Il est sceptique, c'est une affaire entendue. Mais à peine a-t-on prononcé le mot de scepticisme qu'il faut aussitôt le contrôler et le corriger. Le scepticisme de Montaigne est lié à l'incertitude qui vient des hommes. Il entraîne à la fois leur abaissement collectif et, chez Montaigne lui-même, un penchant au conservatisme. Ce serait une erreur de voir en Montaigne un intellectuel révolutionnaire. Il aime trop son confort et sa nonchalance, il craint trop ce qui ennuie ou ce qui coûte de l'effort. Son but premier est de se protéger, en un temps difficile, des rigueurs de la vie. On a beaucoup répété que lorsque la peste s'est déclarée à Bordeaux dont il était le maire, Montaigne, alors absent, s'est bien gardé de regagner sa bonne ville. Ne prononçons pas le mot de lâcheté, mais ne fermons pas non plus les yeux sur ses propres aveux : « Même sous la peau d'un veau », il est toujours disposé à se mettre à l'abri des coups. Et encore : « Je suivrai le bon parti jusqu'au feu, mais exclusivement si je puis. »

L'amour, si plein de fièvre et de violence, ce partisan passionné de la modération le redouterait plutôt. Il préfère de loin l'amitié – et surtout celle de La Boétie : « Parce que c'était lui, parce que c'était moi. » Les enfants eux-mêmes lui sont plutôt indifférents : il s'embrouille un peu dans les siens propres.

À ce scepticisme un peu frileux, un peu soucieux de son confort, s'oppose pourtant une forme de stoïcisme. Non seulement, héritage sans doute de l'Antiquité latine, il a le culte des héros, mais, à la différence d'un Spinoza plus tard, la pensée de la mort lui est un exercice familier : « Que philosopher, c'est apprendre à mourir. »

Scepticisme et stoïcisme ne sont pour lui, en vérité, que les formes extérieures d'un souci bien plus profond : le culte de la nature. Ce qui est bien, ce qui est vrai, ce qui est bon, c'est de suivre la nature.

Il la suit d'abord dans son style. « Le parler que j'aime, c'est un parler simple et naïf, tel sur le papier qu'à la bouche, un parler succulent et nerveux, court et serré, non tant délicat et peigné comme véhément et brusque. » Et ailleurs : « Je parle au papier comme je parle au premier que je rencontre. »

Ce naturel dans le style, il le pousse si loin que sa forme d'expression préférée, c'est la digression. Beaucoup de critiques ont cherché dans les *Essais*, comme plus tard, avec plus de raison, dans les *Pensées* de Pascal, un plan secret et sous-jacent et un ordre caché. Il n'y a pas de plan des *Essais*. L'œuvre entière est une efflorescence perpétuelle, un *excursus* permanent qui part dans tous les sens et qui finit toujours par retomber sur ses pieds. L'exemple le plus classique est fourni par le célèbre chapitre des « Coches » qui traite de la coutume de saluer les gens qui éternuent, du mal de mer, de la peur, du luxe vestimentaire et de la libéralité des rois, avant de jeter les fondements de la sociologie moderne et de la philosophie de l'histoire en traitant des peuples du Nouveau Monde et de la conquête espagnole. L'auteur lui-même reconnaît le caractère déconcertant de ses propos à bâtons rompus quand il déclare qu'il écrit « à sauts et à gambades ». Tout le charme de la langue de Montaigne est qu'elle est brisée et dansante. Il aime l'art « léger, volage et démoniaque ». Il faut le lire comme il écrit : avec une extrême liberté.

C'est cette dansante liberté, j'imagine, qui le fait tant admirer par un esprit comme Nietzsche, dont on n'attendait pas tant d'éloges : « Qu'un tel homme ait écrit, vraiment le plaisir de vivre sur cette terre en a été augmenté. [...] C'est à son côté que j'irais me ranger s'il fallait réaliser la tâche de s'acclimater sur cette terre. » Et c'est ce culte de la nature que souligne très bien Sainte-Beuve qui, pour une fois, ne se trompe guère : « Une chose qu'on n'a pas fait assez ressortir, c'est que Montaigne n'est pas un système de philosophie, ce n'est même pas avant tout un sceptique, un pyrrhonien : non, Montaigne, c'est tout simplement la nature. »

La morale d'une affaire où se mêlent la nonchalance, le goût de la nature et de la liberté, une ombre d'égoïsme et d'indifférence, c'est Montaigne lui-même qui la tire : « C'est une absolue perfection, et comme divine, de savoir jouir loyalement de son être. »

Biographie

28 février 1533. *Naissance de Michel Eyquem de Montaigne en Périgord.*
1535. *Élevé par un précepteur allemand qui lui enseigne le latin comme langue maternelle.*
1554. *Nommé à la Cour des Aides de Périgueux.*
1557. *Entre au Parlement de Bordeaux.*
1558. *S'y lie avec Étienne de La Boétie d'une profonde amitié.*
1559. *Effectue plusieurs voyages officiels à Paris.*
1563. *Mort de La Boétie.*
1565. *Se marie.*
1570-1581. *Se retire dans son château où il entreprend la rédaction des* Essais.
1576. Apologie de Raymond Sebond.
1580. *Première publication des* Essais *(les deux premiers livres). Voyage de santé à travers la France, l'Allemagne, la Suisse et l'Italie.*
1581. *Maire de Bordeaux.*
1585-1592. *Épidémie de peste à Bordeaux. S'enferme dans sa « librairie » et s'y consacre à l'étude.*
1588. *Un troisième livre vient s'ajouter ainsi que 536 additions. Fait la connaissance de Marie de Gournay, sa « fille d'alliance ».*
1595. *Édition posthume de Mlle de Gournay à partir de l'exemplaire dit de Bordeaux (édition de 1588 annotée par Montaigne).*

Œuvres

1574. Journal de voyage en Italie
1580-1595. Essais
1580. Livres I et II
1588. Livre III
1595. Édition posthume

Extraits choisis

Les Essais *ont été écrits au fil du temps. Montaigne n'avait pas de plan précis en tête lorsqu'il les commença. Le but avoué étant pour l'auteur de se connaître lui-même et de se faire connaître (« tout le monde me reconnaît en mon livre et mon livre en moi »), il s'y présente en toute simplicité, tel qu'en lui-même (« je veux qu'on m'y voie en ma façon simple, naturelle et ordinaire, sans étude et artifice ») et à travers cette connaissance d'une personne singulière l'on doit apprendre à connaître « l'humaine condition ». Le tout écrit dans une langue simple elle aussi : « Le parler que j'aime, c'est un parler simple et naïf, et tel sur le papier qu'à la bouche, un parler succulent et nerveux, court et serré (...) éloigné d'affectation, déréglé, décousu et hardi. »*

Les Essais *ne présentent donc pas une pensée ordonnée mais bien plutôt vivante et variée où, à travers lui-même, l'auteur nous apprend à profiter de la vie qui nous est donnée sans jamais perdre de vue notre condition de mortels. L'art de mourir y est érigé en art de vivre.*

✒ Que philosopher, c'est apprendre à mourir

ILS VONT, ILS VIENNENT, ILS TROTTENT, ILS DANSENT, DE MORT nulles nouvelles. Tout cela est beau. Mais aussi quand elle arrive, ou à eux, ou à leurs femmes, enfants et amis, les surprenant en dessoude et à découvert, quels tourments, quels cris, quelle rage, et quel désespoir les accable ? Vîtes-vous jamais rien si rabaissé, si changé, si confus ? Il y faut pourvoir de meilleure heure : et cette nonchalance bestiale, quand elle pourrait loger en la tête d'un homme d'entendement, ce que je trouve entièrement impossible, nous vend trop cher ses denrées. Si c'était ennemi qui se peut éviter, je conseillerais d'emprunter les armes de la couardise. Mais puisqu'il ne se peut, puisqu'il vous attrape fuyant et poltron aussi bien qu'honnête homme,

> *Nempe et fugacem persequitur virum,*
> *Nec parcit imbellis juventae*
> *Poplitibus, timidoque tergo.*

et que nulle trempe de cuirasse vous couvre,

> *Ille licet ferro cautus se condat aere,*
> *Mors tamen inclusum protrahet inde caput,*

apprenons à le soutenir de pied ferme, et à le combattre. Et pour commencer à lui ôter son plus grand avantage contre nous, prenons voie toute contraire à la commune. Ôtons-lui l'étrangeté, pratiquons-le, accoutumons-le, n'ayons rien si souvent en la tête que la mort. À tous instants représentons-la à notre imagination et en tous visages. Au broncher d'un cheval, à la chute d'une tuile, à la moindre piqûre d'épingle, remâchons soudain : « Eh bien ? quand ce serait la mort même ? » et là-dessus, raidissons-nous et efforçons-nous. Parmi les fêtes et la joie, ayons toujours ce refrain de la souvenance de notre condition, et ne nous laissons pas si fort emporter au plaisir, que parfois il ne nous repasse en la mémoire, en combien de sortes cette nôtre allégresse est en butte à la mort et de combien de prises elle la menace. Ainsi faisaient les Égyptiens, qui, au milieu de leurs festins, et parmi leur meilleure chère, faisaient apporter l'anatomie sèche d'un corps d'homme mort, pour servir d'avertissement aux conviés.

> *Omnem crede diem tibi diluxisse supremum.*
> *Grata superveniet, quae non sperabitur hora.*

Il est incertain où la mort nous attende, attendons-la partout. La préméditation de la mort est préméditation de la liberté. Qui a appris à mourir, il a désappris à servir. Le savoir mourir nous affranchit de toute sujétion et contrainte. Il n'y a rien de mal en la vie pour celui qui a bien compris que la privation de la vie n'est pas mal. Paul-Émile répondit à celui que ce misérable roi de Macédoine, son prisonnier, lui envoyait pour le prier de ne le mener pas en son triomphe : « Qu'il en fasse la requête à soi-même. »

À la vérité, en toutes choses, si nature ne prête un peu, il est malaisé que l'art et l'industrie aillent guère avant. Je suis de moi-même non mélancolique, mais songe-creux. Il n'est rien de quoi je me sois dès toujours plus entretenu que des imaginations de la mort : voire en la saison la plus licencieuse de mon âge,

> *Jucundum cum aetas florida ver ageret,*

parmi les dames et les jeux, tel me pensait empêché à digérer à part moi quelque jalousie, ou l'incertitude de quelque espérance, cependant que je m'entretenais de je ne sais qui, surpris les jours précédents d'une fièvre chaude, et de sa fin, au partir d'une fête pareille, et la tête pleine d'oisiveté, d'amour et de bon temps, comme moi, et qu'autant m'en pendait à l'oreille :

> *Jam fuerit, nec post unquam revocare licebit.*

Je ne ridais non plus le front de ce pensement-là, que d'un autre. Il est impossible que d'arrivée nous ne sentions des piqûres de telles imaginations. Mais en les maniant et repassant, au long aller, on les apprivoise sans doute. Autrement de ma part je fusse en continuelle frayeur et frénésie ; car jamais homme ne se défia tant de sa vie, jamais homme ne fit moins d'état de sa durée. Ni la santé, que j'ai joui jusques à présent très vigoureuse et peu souvent interrompue, ne m'en allonge l'espérance, ni les maladies ne me l'accourcissent. À chaque minute il me semble que je m'échappe. Et me rechante sans cesse : « Tout ce qui peut être fait un autre jour, le peut être aujourd'hui. » De vrai, les hasards et dangers nous approchent peu ou rien de notre fin ; et si nous pensons combien il en reste, sans cet accident qui semble nous menacer le plus, de millions d'autres sur nos têtes, nous trouverons que, gaillards et fiévreux, en la mer et en nos maisons, en la bataille et en repos, elle nous est également près. « *Nemo altero fragilior est : nemo in crastinum sui certior.* »

Ce que j'ai affaire avant mourir, pour l'achever tout loisir me semble court, fût-ce d'une heure. Quelqu'un, feuilletant l'autre jour mes tablettes, trouva un mémoire de quelque chose que je voulais être faite après ma mort. Je lui dis, comme il est vrai, que, n'étant qu'à une lieue de ma maison, et sain et gaillard, je m'étais hâté de l'écrire là, pour ne m'assurer point d'arriver jusque chez moi. Comme celui qui continuellement me couvre de mes pensées et les couche en moi, je suis à toute heure préparé environ ce que je puis être. Et ne m'avertira de rien de nouveau la survenance de la mort.

Il faut être toujours botté et prêt à partir, en tant qu'en nous est, et surtout se garder qu'on n'ait lors affaire qu'à soi [...]

Essais, Livre premier, chapitre XX

Histoire

Moyen Âge : 476-XVe siècle.

476. Chute de l'Empire romain.
481-511. Clovis, roi franc, dynastie des Mérovingiens.

732. Charles Martel arrête les Arabes près de Poitiers.
751. Dynastie des Carolingiens avec Pépin le Bref.
768-814. Règne de Charlemagne.

910. Fondation de Cluny.
987. Mort de Louis V, dernier des Carolingiens. Règne de Hugues Capet, dynastie des Capétiens.

1050. Essor des villes.
1056. Première croisade.
1066. Guillaume le Conquérant se rend maître de l'Angleterre.
1095-1099. Urbain II prêche la première croisade. Prise de Jérusalem. Fondation du royaume latin de Jérusalem.

1108. Louis VI le Gros, roi. Paris, capitale du royaume.
1135. Mort de Henri Ier Beauclerc, roi d'Angleterre, duc de Normandie.
1137-1180. Règne de Louis VII.
1146. Saint Bernard prêche la deuxième croisade.
1152. Aliénor d'Aquitaine épouse Henri II Plantagenêt.
1154-1189. Henri II Plantagenêt, roi d'Angleterre.
1160-1170. Début de la construction de Notre-Dame de Paris.
1180-1223. Philippe Auguste, roi.

1189. Mort de Henri II Plantagenêt.
1190. Philippe Auguste et Richard Cœur de Lion à la troisième croisade.

1204. Conquête de la Normandie. Quatrième croisade.
1208. Expédition contre les cathares.
1223-1226. Règne de Louis VIII.
1226-1270. Règne de Louis IX (saint Louis) d'abord sous la régence de sa mère, Blanche de Castille (jusqu'en 1236).
1248. Saint Louis part pour la croisade.
1250. Monnaie d'or. Bataille de Mansourah en Égypte. Saint Louis y est fait prisonnier.
1252. Mort de Blanche de Castille. Retour du roi en France.
1270. Mort de saint Louis devant Tunis.
1270-1285. Règne de Philippe III le Hardi.
1285-1314. Philippe le Bel, roi.
1291. Huitième et dernière croisade, perte définitive de Jérusalem.
1297. Canonisation de saint Louis.

1307. Arrestation des Templiers.
1309. Installation des papes en Avignon.
1320. Fondation de la Cour des Comptes.
1328. Mort de Charles IV, dernier des Capétiens directs. Philippe de Valois, roi.
1337-1453. Début de la guerre de Cent Ans entre Français et Anglais. Début d'une économie de guerre.
1341-1365. Guerre de succession de Bretagne.
1342. Clément VI, pape.
1343. Réunion des états généraux.
1348. Peste noire : épidémie dans toute l'Europe : quarante millions de morts.
1349. Charles le Mauvais, roi de Navarre.
1350. Jean II le Bon, roi.
1358. Révolte parisienne organisée par Étienne Marcel. Jacquerie paysanne.
1360. Création d'un franc or. Traité de Brétigny-Calais.
1364. Charles V, roi.
1378. Le grand schisme d'Occident.
1388. Gouvernement personnel de Charles VI et pouvoir des Marmousets.
1392. Première crise de folie du roi. Pouvoir de Philippe le Hardi.
1394. Dernière ordonnance d'expulsion générale des Juifs.

1407. Assassinat de Louis d'Orléans. Guerre civile.
1429-1431. Intervention de Jeanne d'Arc.
1453. Les Anglais sont chassés hors de France (hors Calais).
1461-1483. Louis XI, roi.
1477. Mort de Charles le Téméraire.
1483-1498 Charles VIII, roi.
1494-1559. Guerres d'Italie.
1498-1515. Louis XII, roi.
1515. Victoire de François Ier à Marignan.
1534. Affaire des Placards (affiches injurieuses pour l'Église et la messe posées jusque sur la porte de la chambre du roi à Amboise).
1545. Concile de Trente.
1546. Mort de Martin Luther.
1547. Mort de François Ier.
1547-1559. Règne de Henri II.
1547-1550. La Chambre ardente prononce plus de 500 arrêts en matière d'hérésie.
1548. Révolte des protestants en Guyenne réprimée par Montmorency.
1559. Traité du Cateau-Cambrésis. Mort de Henri II.
1559-1560. Règne de François II.
1560. Conjuration d'Amboise. Mort de François II.
1560-1574. Règne de Charles IX.
1562-1589. Huit guerres de Religion se succèdent.
23-24 août 1572. Massacre de la Saint-Barthélemy.
1574. Mort de Charles IX.
1574-1589. Règne de Henri III.
1576. Ligue catholique menée par le duc de Guise.
1588. Assassinat du duc de Guise sur ordre de Henri III aux états généraux de Blois.
1589. Assassinat de Henri III.
1589-1610. Henri de Navarre couronné sous le nom de Henri IV.
1593. Henri IV se convertit au catholicisme.
1594. Entrée de Henri IV à Paris.
1598. Promulgation de l'édit de Nantes donnant aux protestants la liberté de conscience, de culte et le droit d'entretenir des places fortes.

Littérature et société

842. *Serments de Strasbourg* entre Charles le Chauve et Louis le Germanique (en langue romane).
Vers 880. *Cantilène de sainte Eulalie.*

Xe siècle. *Vie de saint Léger.*
1000. Premier art roman.
1040. *Vie de saint Alexis.*

XIIe siècle. Lambert le Tort, *Roman d'Alexandre.*
1079-1142. Abélard.
Vers 1100. *Chanson de Roland.*
1101-1164. Héloïse.
1115. Abélard rencontre Héloïse.
1130. Poésie des troubadours.
1132. Abélard, *Histoire de mes malheurs.*
Vers 1135. Geoffroy de Monmouth, *Historia Regum Britanniae.*
Vers 1150. *Roman de Thèbes.* Graindor de Douai, *Chanson d'Antioche.*
1155. Wace, *Geste des Bretons* ou *Roman de Brut.*
Vers 1158. Chrétien de Troyes, *Philomena* (imitation d'Ovide).
1160-1170. Début de la construction de Notre-Dame de Paris. Marie de France, *Lais.*
1165. Benoît de Sainte-Maure, *Le Roman de Troie.*
1165-1170. Béroul, *Tristan.*
Vers 1167. Gautier d'Arras, *Ille et Galeron.*
1170. Chrétien de Troyes, *Lancelot ou le Chevalier à la charrette*, *Yvain ou le Chevalier au lion.*
1172. Thomas, *Tristan.*

Vers 1177. Chrétien de Troyes, *Floire et Blancheflore.*
1182-1190. Chrétien de Troyes, *Perceval ou le Conte du Graal.*
1190-1200. Béroul, *Tristan* (continuation).

Vers 1200-1225. *Aucassin et Nicolette* (chantefable).
1207-1213. Robert de Clari, *Histoire de ceux qui conquirent Constantinople.* Geoffroy de Villehardouin, *Conquête de Constantinople.*
1212-1213. Jean Renart, *Guillaume de Dole ou le Roman de la Rose.*
1215. Fondation de l'université de Paris par Robert de Courson.
1215-1235. *Lancelot en prose.*
1220. Développement des ordres dominicain et franciscain.
1225. Gerbert de Montreuil, *Roman de la Violette.*
Vers 1230. *Tristan en prose* (version ancienne).
1243. Construction de la Sainte-Chapelle.
Deuxième moitié du XIIIe siècle. *Récits du ménestrel de Reims.*
Vers 1250. *Tristan en prose* (deuxième version).
1250. *Grandes Chroniques latines de Saint-Denis.*
1250-1350. Roman courtois.
1255. Robert de Sorbon fonde la Sorbonne.
Vers 1262. Rutebeuf, *Complainte de Théophile.*
1270. Saint Thomas d'Aquin, *Somme théologique.*
1274. Traduction des *Grandes Chroniques de France* par un moine de Saint-Denis.
1280. Mort de Rutebeuf.

Début XIVe siècle. Geoffroy de Paris, *Chronique rimée.*
1304-1374. Pétrarque.
1309. Jean de Joinville, *Histoire de saint Louis.*
1313-1375. Giovanni Boccace.
1320. Fondation de la Cour des Comptes.
Vers 1340. Jean de Pucelle, miniaturiste. Guillaume de Machaut, poète et musicien.
1342. Palais Neuf d'Avignon.
1346-vers 1347. Eustache Deschamps, *Art de dictier.*
1353. Boccace, *Le Décaméron.*
1373. Début des *Chroniques* de Froissart.
1380. Première génération d'humanistes à la cour de Charles V.

1404. Christine de Pizan, *Livre des faits et bonnes mœurs du roi Charles V.*
1433-1499. Marsile Ficin.

1440. Mise au point par Gutenberg du procédé de l'imprimerie à Strasbourg.
1455. Parution de la Bible de Gutenberg.
Vers *1460.* Villon. Début du « Beau XVIᵉ siècle ».
1469-1527. Machiavel.
1469-1536. Érasme.
1470. Première imprimerie à la Sorbonne.
1474. Jean Fouquet peintre officiel de Louis XI. Marsile Ficin, *Theologia platonica.*
1489-1491. Philippe de Commynes, *Mémoires.*
1490. Naissance de Rabelais.
1492-1549. Marguerite de Navarre.
1496-1544. Clément Marot.
12 octobre 1492. Christophe Colomb découvre le Nouveau Monde.
1496. Arrivée d'artistes italiens à Amboise.

Vers *1509-1590.* Ambroise Paré.
1509-1564. Jean Calvin.
Vers *1510-1589.* Bernard Palissy, céramiste.
1510-vers 1566. Jean Goujon, sculpteur.
1511. Érasme, *Éloge de la Folie.*
1513. Machiavel, *Le Prince* (publié en 1532).
1513-1521. Construction de Chenonceaux.
1516. Thomas More, *Utopie.*
1518-1542. Marot, poète officiel de François Iᵉʳ.
1521. Condamnation du luthéranisme par la Sorbonne.
1521-1605. Pontus de Tyard.
1522. Cortès au Mexique. Naissance de Joachim du Bellay.
Vers *1524-1566.* Louise Labé.
1528-1547. Reconstruction de Fontainebleau. École de Fontainebleau.
1528. Clément Janequin, *Chant des oiseaux.*
1529. Geoffroy de Tory, *Champfleury.* Manifeste en faveur de la langue « vulgaire ».
1530. François Iᵉʳ fonde le Collège royal (actuellement Collège de France).
1531-1536. Thesaurus linguae latinae.
1532. Rabelais, *Pantagruel.* Clément Marot, *L'Adolescence clémentine.*
1533-1543. Jacques Cartier au Canada.
1534. Cartier à Terre-Neuve. Rabelais, *Gargantua.*

1539. Édit de Villers-Cotterêts : usage du français dans tous les actes juridiques et administratifs.
1541. Calvin à Genève (jusqu'en 1564), *Institution de la religion chrétienne.*
1543. Copernic, *De revolutionibus orbium coelestium* (héliocentrisme).
1544. Du Bartas. Maurice Scève, *Délie, objet de plus haute vertu.*
1546. Rabelais, *Tiers Livre.*
1547. Marguerite de Navarre, *Les Marguerites de la Marguerite des Princesses.*
1548. Interdiction du mystère, genre théâtral. Formation de la Pléiade. Thomas Sebillet, *Art poétique.*
1549. Jean Goujon, *Fontaine des innocents* (sculpture). Du Bellay, *Défense et illustration de la langue française.*
1552. Rabelais, *Quart Livre.* Ronsard, *Les Amours de Cassandre.*
1553. Mort de Rabelais. Étienne Jodelle, *Cléopâtre captive* (tragédie).
1555-1556. Ronsard, *Hymnes.*
1557-1595. Jean de Sponde.
1558. Du Bellay, *Les Regrets.*
1559. Jacques Amyot traduit *Les Vies des hommes illustres* de Plutarque. Marguerite de Navarre, *Heptaméron.*
1560. Fin du « Beau XVIe siècle ». 1er janvier : Mort de du Bellay.
1560-1621. Étienne Pasquier, *Recherches de la France.*
1562. Ambroise Paré, « premier chirurgien du roi ».
1564. Rabelais, *Cinquième Livre* (édition posthume contestée).
1564-1642. Galileo Galilei dit Galilée.
1566. Mort de Louise Labé.
1572. Remy Belleau, *La Bergerie.* Henri Estienne, *Thesaurus linguae graecae.*
1576. La Boétie, *Discours de la servitude volontaire* (écrit vers 1548).
1577. Agrippa d'Aubigné, *Les Tragiques* (début de la composition, sera publié en 1616).
1578. Du Bartas, *La Création du monde ou Première Semaine.*
1580-1588. Montaigne, *Essais.*
1583. Robert Garnier, *Les Juives* (tragédie).
1594. *Satire Ménippée* (pamphlet politique contre la Ligue).
1597. Sponde, *Recueil de diverses poésies.*

Table des matières

LES QUATRE CHRONIQUEURS 5
Courir le monde et l'admirer 7
GEOFFROY DE VILLEHARDOUIN 13
  Biographie 13
  Œuvres 14
  Extraits choisis 15
JEAN DE JOINVILLE 22
  Biographie 22
  Œuvres 23
  Extraits choisis 24
JEAN FROISSART 28
  Biographie 28
  Œuvres 29
  Extraits choisis 30
PHILIPPE DE COMMYNES 33
  Biographie 33
  Œuvres 34
  Extraits choisis 35

VILLON 37
La gloire du marlou 39
  Biographie 46
  Œuvres 47
  Extraits choisis 48

RABELAIS 57
L'ivresse du savoir 59
  Biographie 64
  Œuvres 65
  Extraits choisis 66

DU BELLAY 71
Un honnête désir de l'immortalité 73
  Biographie 80
  Œuvres 81
  Extraits choisis 82

RONSARD 87
La musique du sourd 89
  Biographie 98
  Œuvres 99
  Extraits choisis 100

MONTAIGNE 105
Tours et détours de la nature et de la tolérance 107
  Biographie 112
  Œuvres 113
  Extraits choisis 114

HISTOIRE 119
LITTÉRATURE ET SOCIÉTÉ 123

Librio
Le livre à 10 F

387

PCA – 44400 Rezé
Achevé d'imprimer en Europe
à Pössneck (Thuringe, Allemagne)
en août 2000 pour le compte de EJL
84, rue de Grenelle, 75007 Paris
Dépôt légal août 2000

Diffusion France et étranger : Flammarion